JN438969

학문의 첫걸음

고급한국어

박 창 원
전 혜 영
이 해 영
김 현 진
최 형 용
박 선 희

이화 한국학 국제화 총서 5
학문의 첫걸음 고급한국어 가격 18,000원

2013년 1월 30일 1판 1쇄

저 자 박창원, 전혜영, 이해영, 김현진, 최형용, 박선희
발행인 임 삼 규
발행처 지 문 당
주 소 413-756 경기도 파주시 광인사길 85(본사)
110-360 서울시 종로구 돈화문로 82(서울사무소)
등 록 1997. 12. 30. 제406-2003-000038호
영업부 (02)743-3192~3 팩스(02)742-4657
전자우편 sale@jimoon.co.kr
편집부 (02)743-3096 팩스(02)743-0227
전자우편 edit@jimoon.co.kr
홈페이지 www.jimoon.co.kr

ISBN 978-89-6297-025-8
ISBN 978-89-6297-020-3(set)

이 도서의 국립중앙도서관 출판시도서목록(CIP)은 e-CIP홈페이지(http://www.nl.go.kr/ecip)와 국가자료공동목록시스템(http://www.nl.go.kr/kolisnet)에서 이용하실 수 있습니다.(CIP제어번호: CIP2013000228)

이 책은 이화여자대학교의 제2단계 교내 한국학 특성화 사업 지원으로 출판하였습니다.

학문의 첫걸음

고급한국어

지문당

머리말

20세기 후반에 시작된 외국인의 한국어 교육 열기는 21세기의 10년이 지난 지금에도 계속 확산되고 있다. 이러한 열기는 아시아의 인근 지역을 넘어 유럽이나 남아메리카에 이르기까지 전세계적으로 확산되고 있는 것이다. 이러한 현상은 20년 전 한중 수교 당시 중국에서 한국어(혹은 조선어)를 가르치던 대학이 5개에 불과했는데, 20년이 지난 2012년 현재 200개 대학을 넘어선 사실에서도 확인해 볼 수 있고, 불과 5년 전쯤에 시작한 세종학당 설립 사업은 2009년 당시 6개국에 17곳이 개설되었으나 2012년 현재 43개국 90곳으로 확장된 사실에서도 확인해 볼 수 있다.

한국어를 배우고자 하는 외국인이 늘어나는 만큼, 한국어를 가르치는 교사(내지는 교수)의 숫자도 엄청나게 증가하였고, 이들을 가르치기 위한 교재도 각양각색으로 개발되었다. 그러나 한국어 교육과 관련하여 모든 것이 긍정적인 것만은 아닌 것도 사실이다. 양적인 팽창에 발맞추어 질적인 향상도 도모되었는가 하는 문제를 생각하면 고개를 갸우뚱거리지 않을 수 없다. 한국어 교육을 선도하는 수준 높은 교육연구자가 있는가 하면 교육의 질적 수준이 우려되는 교육자가 있는 것도 사실인 것이다. 또한 한국어 교육을 선도하는 수준 높은 교재가 있는가 하면 다른 교재를 적당히 편집하여 표절한 듯한 교재가 범람하고 있는 것도 사실이다.

양적인 팽창에 걸맞게 질적인 도약을 하기 위해서는 여러 가지 사업들이 수행되어야 할 것인데, 이 책은 그러한 일 중의 하나에 도움이 되기 위해 기획하였다. 한국어 교육을 위한 교재와 관련하여 '이제 그러한 책의 집필은 필요없을 정도로 수없이 많다'라고 표현할 수 있는 상황이지만, 목적별·등급별 한국어 교재를 생각한다면 전혀 다른 상황이 된다. 예를 들어 이 책의 등급과 관련

하여 '고급한국어를 가르칠 수 있는 교재가 있는가?'라고 질문하면 선뜻 떠올릴 수 있는 교재는 존재하지 않는 것이다. 물론 고급한국어를 펴내기 전에 사전작업으로 해야 할 것들—빈도수와 관련된 어휘 난이도의 등급, 의미 기능에 따른 문법항목의 등급별 분류, 기본 문형과 문형의 종류 및 고급화된 문형, 발음의 난이도와 복잡도에 따른 등급화, 한국 문화와 관련된 주제의 선정 등등—이 아직 제대로 정리되지 않은 것도 말할 것도 없는 상황이다.

이러한 상황에서 고급한국어 교재를 펴낸다는 것은 어찌 보면 만용에 불과할 것이고, 이 책 또한 많은 문제점을 안고 있을 것이다. 이러한 사정을 알면서도 감히 고급한국어 교재를 펴내는 것은 한국어 교재의 등급별 균형을 맞출 상황이 되었다는 것과 한국어 교재가 갖추어야 할 기초적인 문제점들을 제시하여 이 방면의 연구에 시금석이 되었으면 하는 바람을 가지고 있기 때문이다.

현재의 한국어 열기가 가지고 있는 양적인 팽창이 한국어 교육의 질적인 도약으로 이어지기를 간절히 바란다. 그리고 그 열기와 함께 우리 국가와 민족이 지속적으로 더 발전하기를 바라는 마음을 적어 놓고 싶다. 아울러 이 책을 펴낼 수 있기까지 도움을 주신 많은 분들—학교의 특성화 기획팀, 원고 수합에 고생한 조교들 그리고 출판을 위해 수고해 주신 출판사 관계자 분들— 모두에게 감사하는 마음도 전하고 싶다.

2012년 8월

집필자 일동

일러두기

① 개요

ㄱ. 학문 목적 유학생이 교양 과목과 전공 과목 수강을 위해 필수적인 내용을 다양한 영역에서 골고루 다루고 있음.

· 인문과학(문학, 문화, 역사)

· 사회과학(정치, 경제, 사회, 관광, 신문방송)

· 자연과학(과학, 환경, 정보와 사회)

· 예술(음악, 미술)

ㄴ. 최고급 학습자를 위해 선별한 문법과 전문 어휘, 심화 어휘를 학습할 수 있도록 함.

· 주제와 관련된 전문분야 어휘 학습

· 선별된 고급 어휘 학습

· 최고급 수준의 문법 학습

ㄷ. 강의에 도움이 되는 실제적인 과제 활동으로 구성함.

· 다양한 주제에 대한 이해 활동

· 학습한 주제를 심화시킨 다양한 글쓰기 활동

② 각 영역별 특성

ㄱ. 이야기하기

읽기를 통해 주제를 생각해 보는 준비 영역임. 주제 관련 자료를 보고 이에 대해 자신의 생각을 이야기해 보면서 주제에 대해 개념을 익히도록 함. 이는 본격적인 읽기를 하기 위한 준비 활동임.

ㄴ. 읽기

주제를 심화시킨 읽기 활동을 하는 영역임. 심화된 주제에 대한 읽기를 통해 글의 내용과 형식을 파악하도록 함. 그리고 심화된 주제에 대한 세부 내용을 이해하고 이를 점검함.

ㄷ. 어휘

주제와 관련된 전문 어휘, 고급 및 최고급 수준의 심화된 어휘를 익히는 영역임. 다양한 활동을 통해 어휘의 개념을 익히고, 활용 학습을 통해 이를 점검함.

ㄹ. 문법

고급 문법을 익히며 문법 체계 중 고급 수준에서 알아야 하는 내용을 제시하고 이를 통해 한국어 문법 체계를 익히도록 함.

ㅁ. 말하고 쓰기

학습 목표가 되는 주제나 심화된 주제에 대해 이야기하고 이를 글로 쓰는 영역임. 학습한 문법, 어휘를 바탕으로 자신의 의견을 논리적으로 표현하도록 함.

교재 구성

	단원명	이야기하기	읽 기	어 휘	문 법	말하고 쓰기
제1과	다문화 사회	한국 체류 외국인의 증가에 대해 말하기	다문화주의	다문화	-는 가운데, -거니와, 간접 높임	다문화 사회의 장단점
제2과	세시 풍속	설날 풍습에 대해 말하기	설과 세시풍습	설	(으)ㄴ/는 반면(에), -듯이, '을/를'의 특수한 쓰임	한국과 모국의 명절
제3과	한국의 언어	한국어 특성 읽고 말하기	언어의 특성	언어 표현	에 불과하다, 에 비해서, -더라	한국어와 모국어 비교
제4과	예술과 상업성	현대 미술	예술과 상업성	예술과 소질	-(으)ㄹ 무렵, -(으)ㄹ 정도로, -기, -(으)ㅁ	예술가와 작곡가
제5과	환경과 인간	환경 보호와 개발에 대해 말하기	환경 보호	환경	-(으)ㄹ지라도, -(으)ㅁ에 따라, 의존명사	환경 보호와 개발
제6과	정보화 산업의 발달	정보화 산업과 우리의 삶에 대해 말하기	현대의 정보화 산업	정보화 사회	(으)로 말미암아, -(으)ㄹ 듯하다, 이중 부정법	정보화 사회의 장단점
제7과	한국의 현대음악	한국의 작곡가 '윤이상'	70년대 이후 한국 음악사	음악과 공연	-다든지 -다든지, -어/아 내다, 간접 인용	나라의 고유한 음악
제8과	안티 문화	안티 문화에 대해 말하기	안티도 기본이 있다	댓글	-더라도, -어/아 대다, 필수적 부사어	안티 문화의 영향

	단원명	이야기하기	읽 기	어 휘	문 법	말하고 쓰기
제9과	경제 발전의 전략	한국, 일본, 중국의 경제 관계 말하기	국내 환경 변화와 새로운 발전 전략	경제	-자, -게, 사동과 '시키다'	한국 경제의 발전 방향
제10과	한국의 관광산업	관광지와 관광 산업에 대해 말하기	관광은 국가 성장 동력	관광	-(으)므로, 에 의하면, 상대시제	관광 산업의 발전 방향
제11과	과학기술의 발달	과학기술의 변화 말하기	발전하는 과학기술	과학기술	덕분에, -는/(으)ㄴ가?, 이중주어 / 이중 목적어	과학기술의 발전과 삶의 변화
제12과	한류 열풍	한류의 의미 읽고 말하기	한류의 문화적 효과	문화	-자면, (으)로써, 사람 이름과 '-이'	한류가 나아가야 할 방향
제13과	문화재로 보는 한국 역사	문화재 '수원 화성'에 대해 말하기	수원 화성과 역사	세계적 관광지	-(으)로 인하다, -고자, 관형사의 순서	세계적 문화유산
제14과	세계화와 국제관계	국제기구에 대해 말하기	국제관계와 국제기구	국제기구	와/과 달리, -(으)ㅁ에도 불구하고, 주격 조사의 생략	세계화에 대한 의견
제15과	한국 문학의 이해	한국 문학의 경향	한국 문학의 변천	시대와 문학	-(이)야말로, -(으)ㄴ가 하면, 문장 성분의 생략	소설의 감상문

차 례

1 다문화 사회

학습목표

1. 다문화 사회화되어 가는 현대 한국 사회를 다원주의의 관점에서 이해한다.
2. 다문화 사회와 관련된 문제점을 파악하고 이에 대한 대안들을 논의한다.
3. 높임의 대상에 속하는 사물이나 신체의 일부를 간접적으로 높이는 한국어의 높임법을 사용한다.

이야기하기

1. 여러분 나라에는 어떤 민족들이 살고 있습니까? 외국인도 많이 있습니까? 현재 한국에는 100만 명이 넘는 외국인이 한국 사람들과 함께 살고 있습니다. 한국을 방문했거나 한국에서 살고 있는 한국 체류 외국인들은 어느 나라에서 온 사람들일까요?

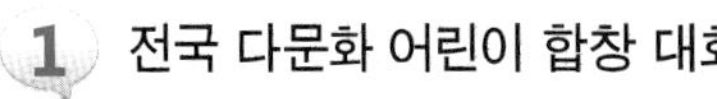

1 전국 다문화 어린이 합창 대회

2 외국인의 설날 맞이

2. 최근 한국에 체류하는 외국인의 수가 빠른 속도로 증가하고 있습니다. 외국인들의 국적도 다양해지고 있습니다. 이와 같은 변화의 원인은 무엇일지 친구들과 이야기해 봅시다.

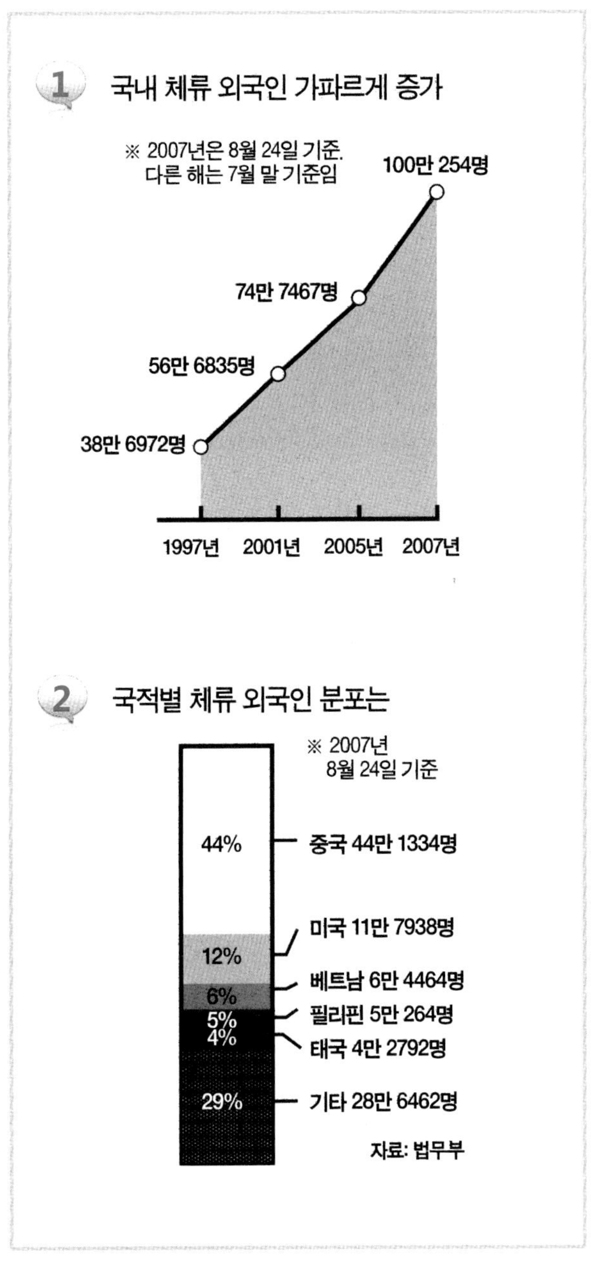

읽 기

다음을 읽고 물음에 답하십시오.

(가) 다문화주의란 폭넓고 다양한 가치들을 반영하는 이념이기 때문에 한마디로 정의하기는 어렵지만 대체로 한 사회 내 다양한 인종이나 민족 집단의 문화를 단일한 문화로 동화시키지 않고 서로 인정하고 존중하게끔 하는 데 그 목적이 있는 이념체계를 가리킨다.

(나) 다문화주의는 정치적 입장이나 정책 시행 방식에 따라 여러 유형으로 구분되는데, 기본적으로 한 사회 내의 모든 인종, 민족 집단이 문화적 차이와 상관없이 동등한 권리를 가지고 정치와 공동생활에 참여할 수 있도록 노력을 기울인다는 특성을 갖는다.

(다) 21세기에 들어서 한국 사회에서는 다문화주의 또는 다문화 사회에 대한 관심이 크게 증가하였다. 이는 외국인 근로자, 결혼 이민자, 다문화 가족 자녀, 재외동포, 북한 이주민 등이 증가하는 가운데 한국 사회의 인종적·문화적 다양성 역시 증대되는 현상을 반영한 것이다. 아울러 외국인 근로자나 여성 결혼 이민자들이 겪는 사회문화적 적응의 어려움, 의사소통 문제, 가족 관계 문제, 경제 문제, 문화 충격 등이 쉽게 해결되지 않으면서 외국인의 보호와 사회통합의 필요성이 증대된 것도 다문화주의에 대한 관심을 높였다고 볼 수 있다.

(라) 글로벌한 세계 환경에서 다문화주의가 다양한 문화 배경을 가진 구성원들 간의 사회통합을 이룰 수 있는 사회 원리라는 점은 부인할 수 없다. 그러나 외국에서 발달한 다문화주의를 조급하게 도입하는 것은 문제가 있다. 아무리 보편적인 가치와 미덕을 가졌다 하더라도 그 내용과 운영 원리는 한국적 맥락에 맞게 조정될 필요가 있다. 무엇보다 한국은 이민국가가 아니고 민족국가이거니와 인종적으로 문화적으로 동질성이 크다는 점, 혈통적 민족주의가 강하다는 점들을 현실로 받아들이는 것이 필요하다. 따라서 현 시점에서 외국인들에게 출입국 및 국내 취업을 제한 없이 자유롭게 하거나 또는 불법체류 외국인들을 묵인하는 일은 시기상조라고 생각한다. 지나치게 급진적이고 온정적인 주장은 국민 다수의 반발을 일으켜서 오히려 외국인에게 역효과를 가져올 수 있기 때문이다.

(마) 외국인의 인권 보장과 국익 증진이라는 두 목표를 모두 달성하기 위해서는 단계적인 다문화주의를 실천하는 것이 현실적인 방안이라고 생각한다.

출처: 윤이진(고려대학교 사회학과 교수), 이슈투데이

1. 다문화 사회로서 한국이 직면하고 있는 문제들은 무엇입니까? 모두 고르십시오.

① 외국인 근로자나 여성 결혼 이민자들이 한국 사회에 적응하는 데 어려움을 겪고 있다.
② 외국인 근로자나 여성 결혼 이민자들이 한국에서 의사소통에 어려움을 겪고 있다.
③ 외국인 근로자나 여성 결혼 이민자들이 가족 관계 문제들을 겪고 있다.
④ 외국인 근로자나 여성 결혼 이민자들이 자신의 나라로 귀국하는 데 어려움을 겪고 있다.

2. 윗글을 읽고 다양한 외국인들이 함께 살고 있는 한국의 다문화주의에 대한 올바른 자세를 고르십시오.

① 외국인들이 한국을 자유롭게 방문하도록 한다.
② 외국인이라도 능력만 있다면 누구나 한국 기업에 일할 수 있도록 한다.
③ 다문화주의는 전 세계에서 일어나고 있으므로 한국도 조속히 다문화주의를 따라야 한다.
④ 다문화주의는 한국적 맥락에 맞게 조절하여 단계적으로 시행해야 한다.

3. 글의 각 단락의 요지를 쓰십시오.

(가) 단락	
(나) 단락	
(다) 단락	
(라) 단락	
(마) 단락	

어 휘

1. 다음 단어들의 의미를 찾아 연결하십시오.

(1) 외국인 근로자	① 노동을 목적으로 한국에 입국한 외국인
(2) 결혼 이민자	② 북한을 떠나서 한국에 정착한 북한 사람
(3) 다문화 가족 자녀	③ 한국인과의 결혼을 목적으로 이민해 온 사람
(4) 재외동포	④ 외국인 근로자 또는 결혼 이민자 가정의 아이들
(5) 북한 이주민	⑤ 외국에 장기체류하거나 영주권을 획득한 한국인

2. 다음 밑줄 친 표현과 같은 의미를 고르십시오.

(1) 법무부 통계에 따르면 외국인 증가세는 가파르다.
① 외국인들의 수가 빠르게 증가하고 있다. ② 외국인들이 많은 세금을 내고 있다.

(2) 현 시점에서 외국인들에게 출입국 및 국내 취업을 제한 없이 자유롭게 하거나 또는 불법체류 외국인들을 합법화하는 일은 시기상조라고 생각한다.
① 비판을 받을 수 있는 일이라고 ② 아직 때 이른 일이라고

(3) 지나치게 급진적이고 온정적인 주장은 국민 다수의 반발을 일으켜서 오히려 외국인에게 역효과를 가져올 수 있다.
① 지나치게 도움을 주는 효과를 ② 기대했던 것과 정반대의 효과를

(4) 아무리 보편적인 가치와 미덕을 가졌다 하더라도 그 내용과 운영원리는 한국적 맥락에 맞게 조정될 필요가 있다.
① 모든 것에 공통되거나 들어맞는 ② 특별하지 않고 흔히 볼 수 있는

(5) 글로벌한 세계 환경에서 다문화주의는 다양한 구성원들 간의 사회통합을 이룰 수 있는 사회원리라는 점을 부인할 수 없다.
① 어떤 사실이 옳다고 받아들이지 않을 ② 어떤 사실을 강하게 강조하지 않을

3. 다음 의미를 뜻하는 단어를 〈보기〉에서 찾아 쓰고, 그 단어를 사용하여 문장을 만들어 보십시오.

돌파하다	동화시키다	공존하다	합법화하다	도입하다

(1) 서로 다른 성격이나 방식 등을 같게 만들다 ( )

(2) 기술, 물건, 사람, 법 등을 끌어들이다 ( )

(3) 두 가지 이상의 사물이나 일이 함께 존재하다 ( )

(4) 일정한 기준이나 기록을 넘어서다 ( )

(5) 규범이나 법에 맞도록 만들다 ( )

(1) ____________________

____________________.

(2) ____________________

____________________.

(3) ____________________

____________________.

(4) ____________________

____________________.

(5) ____________________

____________________.

문 법

1. -는 가운데

어떤 행위나 사건의 상황, 여건, 배경 등을 나타내는 표현이다. 동사나 '있다', '없다', '계시다' 등의 어간 뒤에 '-는'이 결합하고, 형용사나 '이다' 뒤에는 '-(으) ㄴ'이 결합한다.

예 외국인 근로자, 결혼 이민자들이 증가하는 가운데 한국 사회의 인종적·문화적 다양성이 증대되고 있다.

연습 다음 〈보기〉에서 알맞은 말을 찾아 문장을 완성하십시오.

참가하다	지켜보다	오다	하다	줄어들다

(1) 모든 사람이 ____________ 마침내 결혼식이 시작되었다.

(2) 어려운 생활을 ____________ 그는 희망을 잃지 않았다.

(3) 비가 ____________ 경기는 계속되었다.

(4) 기업들의 채용 규모가 ____________ 정부도 공무원 신규 채용을 줄일 것으로 보인다.

(5) 제1회 로봇경진대회가 16일 500여 명의 '꿈나무 과학자'들이 ____________ 제주고등학교 체육관에서 성황리에 열렸다.

2. -거니와

앞의 사실을 인정하면서 뒤의 사실까지 있어서 더 어떠하다는 것을 말할 때 주로 쓰인다.

예 한국은 민족국가이거니와 문화적으로도 그 동질성이 크다.

연습 다음 〈보기〉에서 알맞은 말을 찾아 문장을 완성하십시오.

하다	아프다	물론이다	손해를 보다	말하다

(1) 그는 일도 열심히 ____________ 운도 좋아서 하는 일마다 큰 성공을 거둔다.

(2) 요즘은 몸도 ____________ 사업까지 안 되니까 일하고 싶은 생각이 없다.

(3) 자기소개서는 서류전형에서 중요한 영향을 미치는 것은 ______________________ 면접의 기초도 된다는 것을 염두에 두어야 한다.

(4) 이번 사고로 큰 ______________________ 인명 피해도 컸다.

(5) 다시 한 번 ______________________ 이번 경기는 매우 중요하니 모두 최선을 다해 주시기 바랍니다.

보충 및 심화

'-거니와'는 '다시 말하다, 다시 설명하다, 거듭 덧붙이다' 등과 결합하면 뒤의 사실과 상관되는 내용을 다시 말함을 나타내게 되는데 이때에는 '-는데'로 바꾸어 쓸 수 있다.

예 다시 한 번 말하거니와 이번 시험은 매우 중요하니 자신의 실력을 충분히 발휘할 수 있도록 준비하기 바랍니다.
다시 한 번 말하는데 이번 시험은 매우 중요하니 자신의 실력을 충분히 발휘할 수 있도록 준비하기 바랍니다.

3. 간접 높임

높여야 할 사람의 신체의 일부분이나 소유물 따위를 나타내는 말이 주어로 쓰일 때 동사나 형용사, '명사+이다'의 어간에 '-(으)시-'를 붙여 간접적으로 높임을 표현한다.

예 우리 선생님께서는 마음이 참 넓으시다.

연습 다음 〈보기〉에서 알맞은 말을 찾아 문장을 완성하십시오. 하나의 단어가 여러 번 쓰일 수 있습니다.

어울리다	있다	아프다

(1) 아버지, 팔이 ______________________?

(2) (학생이 선생님께) 선생님, 넥타이가 잘 ______________________.

(3) 할아버지, 손자가 ______________________?

(4) 궁금한 점이 ______________________ 전화로 문의해 주십시오.

(5) 선생님께서는 오늘 오후에 강의가 ______________________.

문 법

보충 및 심화

'있다'는 높임 표현으로 '있으시다'와 '계시다'가 있는데 높여야 할 사람의 신체 일부분이나 소유물 따위를 높이는 간접 높임의 경우에는 '있으시다'가 쓰인다.

예 지금부터 선생님 말씀이 있으시겠습니다.

문형학습

【문형 01】 1이 2로부터 용언
【문형 02】 1이 2와 용언 +【문형 03】 1이 2보다 용언

예 1

(1) 권력은 백성으로부터 나온다.
백수는 업무로부터 자유스럽다.
어떤 것으로부터 벗어나다.

(2) 영수의 고향인 수원이 서울과 가깝고, 창호의 고향인 부산보다 멀다.
철수가 창호보다 빨리 달리다.

예 2

(1) 아래의 지문에서 위에 제시한 문형을 찾아보십시오.

한국은 20세기 말부터 지금까지 그 이전에 경험해 보지 못한 새로운 경험을 하고 있는데 그 중 하나가 단일민족 사회로부터 벗어나 다른 민족과 같이 살아가야 하는 다문화 사회를 구성하고 있다는 점이다. 즉 이전보다 더 복잡한 새로운 민족 구성을 하여, 단일민족으로 살아오던 이전의 가치관으로부터 벗어나 새로운 가치관을 정립해야 할 환경을 맞이하고 있는 것이다.

다문화 사회는 세계의 여러 나라에서 경험해 본 것이지만, 한국은 이전의 다른 나라와 다른 특이한 다문화 사회를 형성하고 있다. 중국의 다문화 사회는 본래 살고 있던 종족을 중국이 팽창하는 가운데, 중국이라는 나라의 이름으로 포괄하여 형성되었다. 한편 미국이나 호주 등의 다문화 사회는 원주민을 밀어내고 이주한 힘 있는 종족이 중심이 되고, 그 후에 이주한 다른 종족이 소수가 되는 경우이다. 유럽의 다문화 사회는 선진화된 사회에, 이보다 못 사는 종족이 경제적인 이유로 후진적인 사회로부터 이탈하여 선진 사회로 이주하여 다문화 사회를 구성하고 있는 것이다. 그런데 한국은 국제결혼으로 혈연관계가 구성되면서 다문화 사회를 구성하고 있는 것이다. 이 숫자는 현대 사회의 경우 대략 10명 중 1명이 다문화 가정을 구성하고 있는데, 이 숫자는 앞으로 한국 인구의 10% 가량이 다문화 가족 자녀가 된다는 것을 의미한다.

이러한 다문화 사회의 새로운 구성은 긍정적인 의미와 동시에 부정적인 의미도 가

지고 있다. 그리고 새로운 사회를 구성하는 가운데 이전보다 더 새로운 가치관을 재정립해야 한다는 숙제도 던져 주고 있다.

(2) 다음의 단어로 위의 문형을 만들어 보십시오.

① 건지다 ② 혼나다 ③ 빠르다 ④ 구하다 ⑤ 벗어나다

말하고 쓰기

❋ 한국은 점차 다문화 사회로 진입하고 있습니다. 한국의 다문화 사회가 가진 특징을 정리해 보고 다문화 사회가 가진 문제점들을 해결할 수 있는 방안, 다원주의에 대해서 이야기해 보십시오. 그리고 이를 간단하게 정리해 글로 써 보십시오.

제목: ______________________________

세시풍속

학습목표

1. 한국의 세시 풍속에 대한 내용을 이해하게 한다.
2. 자국의 명절과 한국의 명절을 비교·대조하여 글을 구성하고 쓴다.
3. 한국의 설과 관련된 어휘 및 표현을 이해할 수 있고 비교·대조할 때 사용하는 문법을 활용하여 말한다.

이야기하기

1. 한국의 설을 잘 알고 있습니까? 한국의 설에는 어떤 음식을 먹고, 어떤 놀이를 합니까?

 세배

 널뛰기

2. 여러분 나라의 설에는 어떤 음식을 먹고, 어떤 놀이를 합니까? 유사점과 차이점에 대해서 이야기해 봅시다.

	비슷한 점	다른 점
한국의 설		
우리나라의 설		

1 떡국

2 윷놀이

읽기

다음을 읽고 물음에 답하십시오.

한국의 대표적인 명절로는 설과 추석이 있으며, 이 중 설은 음력 1월 1일을 말한다. 설날의 세시 풍속으로 대표적인 것은 차례와 세배이다. 아침 일찍 깨끗한 설빔으로 갈아입고 세찬을 차려 조상에게 제사지내는 것을 차례라 한다. 차례가 돌아가신 조상께 드리는 새해 인사라면 세배는 생존해 계신 어른께 올리는 새해 인사이다. 세배는 웃어른뿐만 아니라 부부지간, 형제지간에도 하는 것이 원칙이다. 집안에서 세배가 끝나면 가까이 지내는 어른께도 세배를 한다. 세배를 할 때 덕담(德談)을 나누는데 상대편의 형편과 처지에 맞는 말을 골라서 한다. "올해에는 장가(시집)가기를 바라네", "새해에는 더욱 건강하고 소원 성취하기를 바라네"와 같이 '그렇게 되기를 바란다는 뜻'으로 덕담을 한다.

세배가 끝나면 세찬을 먹는데 세찬은 떡국을 비롯하여 수정과, 편육, 약식, 강정 등 설 명절을 위해 새로 마련한 음식을 일컫는다. 세찬의 대표적인 음식은 떡국이다. 떡국 한 그릇을 먹으면 나이 한 살을 더 먹은 것으로 여긴다. 떡국은 맵쌀로 빚은 흰떡으로 만드는데, 칼로 얇게 썰어 쇠고기나 닭고기 국물에 넣어 끓인다. 원래는 꿩고기 국으로 끓이는 것이었으나, 꿩을 구하기가 힘들어 그 대신 닭고기나 쇠고기를 쓰기도 한다. '꿩 대신 닭'이라는 속담이 여기에서 나왔다.

설날에 즐기는 세시 놀이로는 윷놀이, 널뛰기, 연날리기, 돈치기, 쥐불놀이, 횃불싸움, 다리밟기, 줄다리기, 고싸움, 차전놀이, 지신밟기 등이 있다. 이것은 마을 사람들이 동참하여 겨울 추위를 극복하고 또 즐거움을 찾게 되는 놀이의 성격을 가진다.

윷놀이는 설날의 정취를 잘 나타내는 놀이이다. 윷이라고 불리는 네 개의 막대기를 던져 나온 모양에 따라 말을 옮겨서 윷판을 한 번 돌아오면 이기는 놀이이다. 윷의 각 말 이름인 도, 개, 걸, 윷, 모는 각기 돼지, 개, 양, 소, 말 등의 가축을 뜻해 농경문화의 일면을 엿볼 수 있다. 윷놀이는 빈부귀천이나 남녀노소를 불문하고 널리 즐겼던 놀이이다.

여자들은 널뛰기라는 놀이를 즐긴다. 짚단이나 가마니를 받침으로 하여 기다란 널빤지를 놓고, 양끝에 한 사람씩 올라가서 한쪽에서 뛰면 다른 한쪽에서 마치 하늘을 날듯이 높이 솟아오른다. 원색의 설빔으로 곱게 단장하고 널을 뛰는 모습은 활기가 넘친다. 널뛰기는 여자의 외출이 제한되던 시절, 여자들에게 담장 밖 세상을 훔쳐볼 수 있는 기회를 제공했다고 한다.

여자들이 널뛰기를 하는 것처럼 남자들은 연날리기를 즐겼다. 연날리기는 섣달그믐에도 하지만 본격적으로 연을 날리는 때는 정초부터 보름까지이다. 특히 정월 보름날에는 액막이라고 해서 소년과 청년들이 연날리기를 많이 한다. 액막이는 그 해의 재앙을 멀리 쫓아버린다는 것으로 연 꼬리에 '송액(送厄)'이나 '송액영복(送厄迎福)'이라는 글자를 쓴다. 연이 높이 날아올랐을 때 연실에 불을 붙여 실을 끊어 연을 멀리 날려 보낸다.

우리의 설 세시 풍속은 농경문화와 밀접하게 연관되어 있어 농경의례의 성격을 내포하

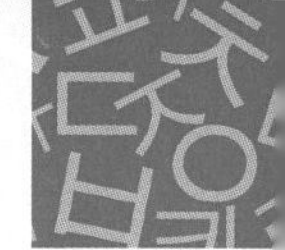

고 있다. 세시 풍속은 정월에 집중되어 있고, 각별히 금기에 관련된 행사와 운수나 농사의 풍흉을 알아보는 점복 행위가 많다.

출처: 강오식(2001), 〈설의 유래와 세시풍속〉, 도시문제 36, 대한지방행정공제회

1. 다음은 윗글의 내용을 정리한 것입니다. 빈 칸에 알맞은 말을 써 넣으십시오.

(1)	• 조상님들께 차례 지내기 • 웃어른께 세배 드리기 • 덕담 나누기
설날에 먹는 음식	(2) • • •
(3)	• 윷놀이 • 널뛰기 • 연날리기

2. 다음은 설날에 즐기는 놀이에 대한 설명입니다. 위의 글과 일치하지 않는 것은 무엇입니까?

① 윷놀이는 한국의 농경문화가 반영된 놀이이다.
② 설 놀이를 통해 즐거움을 찾을 수 있을 뿐만 아니라 추위를 이길 수도 있다.
③ 연날리기는 농사일이 없는 겨울철에 시작하여 봄이 올 때까지 할 수 있다.
④ 전통적으로 널뛰기는 여자들이 하는 놀이로, 연날리기는 남자들이 하는 놀이로 여겼다.

어 휘

1. 다음에 들어갈 표현을 〈보기〉에서 찾아 쓰십시오.

덕담을 나누다	남녀노소를 불문하다	일면을 엿보다
정취를 나타내다	밀접하게 연관되다	

(1) 오랜만에 가족들이 한자리에 모여 '한국말 공부를 열심히 해서 좋은 대학교에 들어가라', '건강해라' 등의 ______________.

(2) 경제와 정치는 서로 ______________ 정치 상황이 좋아지면 경제가 따라서 좋아지고, 정치 상황이 안 좋아지면 경제 상황 역시 나빠진다.

(3) 최근 디자이너들은 전통적인 소재를 활용하여 고전적인 ______________ 디자인을 선보이고 있다.

(4) ______________ 한국 문화에 관심이 있는 사람이면 누구나 문화 체험 행사에 참여할 수 있다.

(5) 김홍도의 그림은 18세기의 조선의 생활 모습을 잘 보여주는데, 이 그림들을 통해 조선사회의 ______________.

2. 다음 단어의 의미를 찾아 연결하십시오.

(1) 세시 풍속 • • ① 설 명절을 위해 새로 마련한 음식

(2) 세찬 • • ② 설 전날이나 설날에 웃어른께 하는 절

(3) 세배 • • ③ 설날에 입는 새 옷

(4) 차례 • • ④ 일 년 동안 같은 주기에 반복되는 의례적인 행위

(5) 설빔 • • ⑤ 조상의 생일, 명절 등에 간단히 지내는 제사

3. 설날에 하는 놀이, 설날에 먹는 음식 등 설과 관련된 단어들이 많이 있습니다. 설과 관련된 단어들을 찾아 써 보십시오.

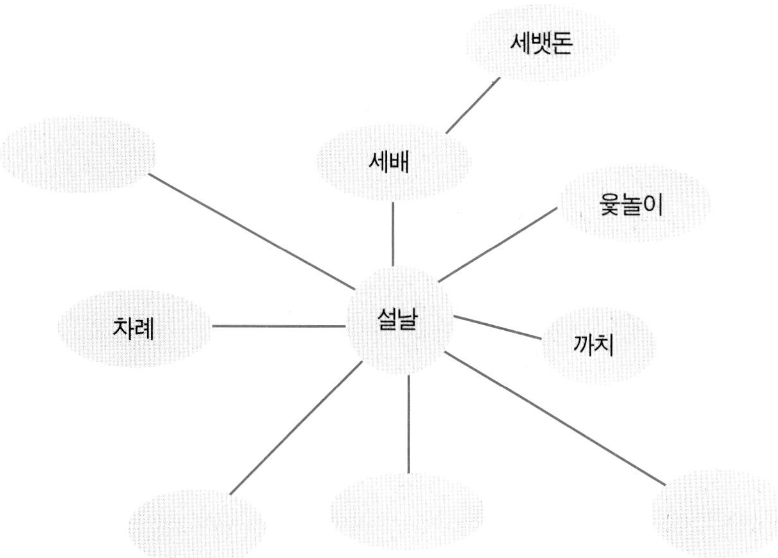

문 법

1. (으)ㄴ/는 반면(에)

동사, 형용사 뒤에 쓰여 '앞 절의 사실과는 반대로'라는 의미를 가진다.

예 여자들이 즐기는 놀이가 널뛰기인 반면, 남자들이 즐기는 놀이는 연날리기이다.
남을 가르치는 일은 힘든 반면 보람이 크다.

연습 다음에서 서로 관계가 있는 문장을 찾아 한 문장으로 만드십시오.

ㄱ. 젊은이들이 도시로 나가 일을 찾는다.	① 대형차의 수요는 줄어든다.
ㄴ. 소형차가 인기를 끌다.	② 기성세대는 고향에 남아 삶의 터전을 지키려 한다.
ㄷ. 수출이 감소하고 있다.	③ 건성으로 일을 하는 사람이 있다.
ㄹ. 주어진 일을 열심히 하는 사람이 있다.	④ 수입은 증가하고 있다.
ㅁ. 젊은 층의 가입이 감소되고 있다.	⑤ 중장년 층 회원 수는 증가하고 있다.

(1) ______________________________.

(2) ______________________________.

(3) ______________________________.

(4) ______________________________.

(5) ______________________________.

2. -듯이

동사, 형용사 뒤에 쓰여 앞 절이 뜻하는 내용처럼 뒤에 오는 절도 그렇다는 의미를 가지고, 비슷한 사실을 비교하여 말할 때 쓰인다.

예 새가 하늘을 날듯이 연이 높이 솟아오른다.
사람마다 얼굴이 다르듯이 나라마다 풍습도 다르다.

연습 다음 문장의 앞부분을 써 보십시오.

(1) ______________________ 외모의 아름다움이 영원한 것은 아니다.

(2) ______________________ 언제나 좋기만 한 것은 아니다.

(3) ______________________ 모른 척하며 살아가기 쉽다.

(4) ______________________ 부모에게 자식은 모두 똑같이 사랑스럽다.

(5) ______________________ 세상 사람들의 살아가는 모습은 비슷하다.

보충 및 심화

'-(으)ㄴ/는/(으)ㄹ 듯이' 구성으로 쓰이면 어떤 상황이 앞 상황과 유사하다고 추측함을 나타낸다.

예 아예 이곳을 떠나는 듯이 그는 짐을 모두 챙겨 가지고 나갔다.
차려진 음식을 금방이라도 다 먹을 듯이 숟가락을 들고 자리에 앉았다.

3. '을/를'의 특수한 쓰임

① '가다', '걷다', '뛰다' 따위의 이동을 표시하는 동사와 어울려서 동작이 이루어지는 장소를 나타내는 일이 있다.

예 나는 오늘 두 시간 동안 산길을 걸었다.

② '가다', '오다', '떠나다' 따위의 동사들과 어울려 일정한 목적을 가지고 이동하고자 하는 곳을 나타내는 일이 있다. 이 경우 '에'보다 강조하는 뜻이 있다.

예 시장을 가면 원하는 물건들이 다 있을 것 같다.

③ '가다', '오다' 따위와 함께 쓰여, 그 행동의 목적이 되는 일을 나타내는 일이 있다.

예 아버지는 주말이면 등산을 가신다.

문 법

연습 다음 빈칸에 들어갈 말을 써 보십시오.

(1) 날씨가 좋아 ________________ 오르기로 했다.

(2) 학교에 오는 길에 ________________ 들렀다.

(3) 바쁜 일이 있어 아침에 일찍 ________________ 나왔다.

(4) 신호가 바뀌자 사람들이 일제히 ________________ 건너기 시작했다.

(5) 이 비행기는 한국 인천에 있는 ________________ 출발해 하노이로 가는 비행기이다.

문형학습

【문형 04】 [1]이 [2]와 [3]으로 용언
【문형 05】 [1]이 [2]와 [3]이 용언

예 1

(1) 옛날에는 자식의 의도와 상관없이 어른들이 친구와 사돈 맺기로 약속했었다.
철수는 영희와 친구로 지낸다.

(2) 영희는 철수와 관계가 좋아 보인다.
사람들은 이웃과 사이가 좋게 지내야 한다.

예 2

(1) 아래의 지문에서 위에 제시한 문형을 찾아보십시오.

세시 풍속이란 예로부터 전해지는 풍속으로, 농업이 우리 산업의 중심이었던 시절에 주로 농사와 관련된 행사를 중심으로 계절에 따라 관례적으로 하는 행사를 말한다. 모든 나라가 각각 제 나라 나름대로 전통과 관련된 세시 풍속이 있듯이, 한국에도 독특한 세시 풍속이 있다. 한국에서는 일반적인 행사는 양력에 의하는 반면 세시 풍속은 음력을 기준으로 하여, 24절기와 추석·설 등의 명절로 구분되어 있다.

추석과 설은 한국의 대표적인 명절이다. 설은 본래 음력 정월 초하룻날을 지칭하는 것이었는데, 근대국가에 와서는 양력설을 지칭하는 신정(新正)과 음력설을 지칭하는 구정(舊正)으로 나누어졌는데, 지금은 보통 음력설을 많이 지낸다. 설에는 집안의 어른들에게 새해 인사를 하고, 조상들에게 설차례를 지낸 후, 산소를 찾아가 설 성묘를 지낸다. 그리고 이날에는 친구들과 연날리기(鳶-), 널뛰기 등으로 놀이를 하고, 떡국과 떡 등으로 식구들과 식사를 한다.

설이 한겨울에 있는 명절인 반면에 추석은 가을의 한가운데인 음력 8월 15일을 지칭하는 명절인데, 팔월 대보름이라고 많이 지칭된다. 이날에도 추석 차례와 추석 성묘를 지내고 여러 가지 놀이를 한다. 줄다리기, 반보기, 소싸움, 강강술래, 씨름 등이 추

석에 하는 대표적인 놀이이다. 음식으로는 토란국(土卵-), 송편(松餠) 외에 여러 가지 찜과 전을 해 먹는다. 이날은 속담에 '더도 말고 덜도 말고 늘 가윗날만 같아라'라는 말이 있듯이 가을에 접어들어 여러 가지 먹거리가 풍부하기 때문이다.

세시 풍속 중 대표적인 것이 단오이다. 단오는 음력 5월 5일을 명절로 이르는 말로 이 날은 일년 중 양기(陽氣)가 가장 왕성한 날이라 하여 큰 명절로 여겨왔는데 이날의 대표적인 놀이는 그네뛰기이고, 여자들은 댕기물을 만들어 머리를 감는다.

(2) 다음의 단어로 위의 문형을 만들어 보십시오.

① 같다　② 다르다　③ 협력하다　④ 놀다　⑤ 만들다

말하고 쓰기

여러분 나라의 대표적인 명절은 무엇입니까? 설과 비슷한 명절이 있습니까? 비슷한 점과 다른 점은 무엇입니까? 생각을 정리한 후 다음 빈칸에 써 보십시오. 그리고 글로 써 보십시오.

대표적인 명절	
풍속	
한국의 명절과 비슷한 점	
한국의 명절과 다른 점	

제목: ______________________

3 한국의 언어

학습목표

1. 한국어가 가진 특징에 대해 알아보고 한국어의 첨가어적 속성, 어순, 높임법 등을 이해하게 한다.
2. 한국어와 자신의 모국어의 차이점에 대해 이야기하고 글로 표현한다.
3. 한국어의 특성과 관련된 어휘 및 표현을 이해하고, 비교·대조할 때 사용하는 문법을 활용하여 말한다.

이야기하기

1. 여러분은 한국어를 사용하는 사람들이 전 세계적으로 얼마나 되는지 알고 있습니까?
한글이나 한국어의 특성에 대해서도 알고 있습니까?

1 한글 체험하는 불가리아 청년들을 보면서 한글의 특성에 대해 이야기해 봅시다.

2 여러분이 알고 있는 한국어의 특성에 대해서 이야기해 봅시다.

2. 다음은 한글의 자모표입니다. 자모의 모양과 발음에 대해 이야기해 봅시다.

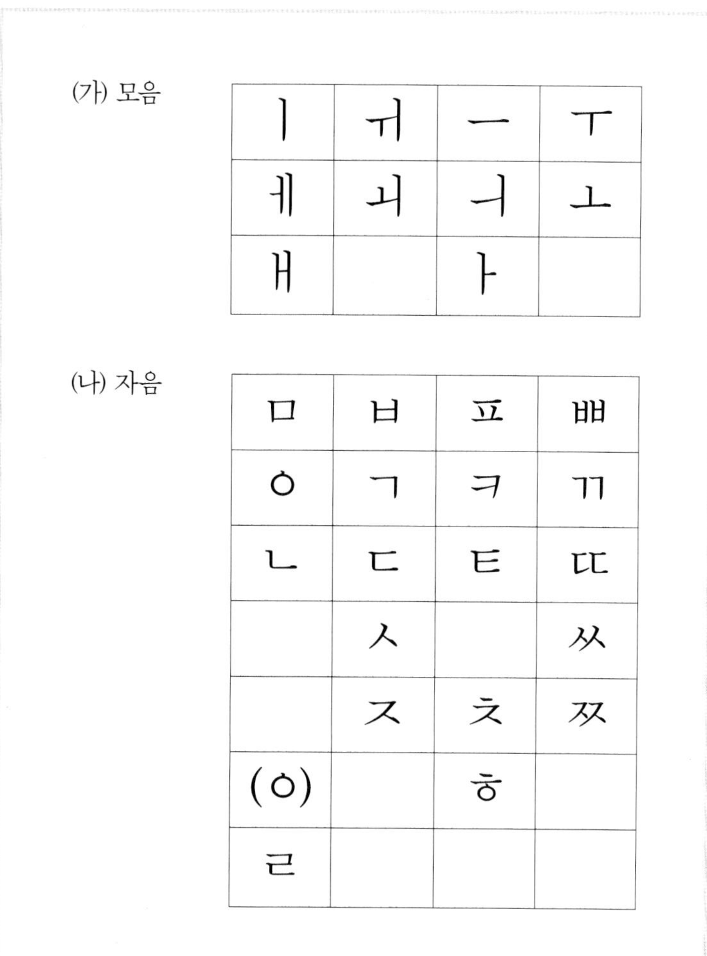

(가) 모음

ㅣ	ㅟ	ㅡ	ㅜ
ㅔ	ㅚ	ㅓ	ㅗ
ㅐ		ㅏ	

(나) 자음

ㅁ	ㅂ	ㅍ	ㅃ
ㅇ	ㄱ	ㅋ	ㄲ
ㄴ	ㄷ	ㅌ	ㄸ
	ㅅ		ㅆ
	ㅈ	ㅊ	ㅉ
(ㅇ)		ㅎ	
ㄹ			

초점 1 입술을 둥글게 하여 발음하는 모음과 그 모음들을 표기하는 문자의 모양은 어떤 관계에 있습니까?

초점 2 자음에 있어서 발음의 세기와 문자 모양의 복잡도는 어떤 관계에 있습니까?

참 고 ① 원순모음은 누워 있는 문자 모양을 포함하고 있음('으' 제외).
② 문자 모양이 간단하면 소리가 약하고, 문자 모양이 복잡하면 소리가 셈.

읽 기

✿ 다음을 읽고 물음에 답하십시오.

세계에는 5,000여 종이 넘는 언어가 있다. 이 중 불과 20여 개의 언어를 세계 인구의 70~80%가 사용하고 있으며 대부분의 언어는 사용자 수가 수백 또는 수천 명에 불과하다. 그런데 한국어는 남한 4,400만 명, 북한 2,300만 명을 합쳐서 6,700만 명, 중국에 약 200만 명, 미국에 180만 명, 일본에 70만 명, 구소련 지역에 50만 명, 중남미 9만 명, 캐나다 7만 명, 기타 지역에 13만 명 등 사용 인구가 7,200만 명이 넘는다. 이처럼 한국어는 다른 언어들에 비해서 세계 곳곳에서 사용되고 있으며 사용자 수로 세계 13위 정도가 된다. 최근에는 한국의 국제적 위상이 높아짐에 따라 경제, 교육, 외교, 학문 교류, 구직 목적 외에도 한국, 한국인, 한국 문화에 대한 이해를 위해 한국어를 배우는 외국인이 늘어나고 있다.

한국어는 어떤 특성을 가지고 있을까? 첫째, 한국어는 첨가어적 특징을 가지고 있다. 한국어는 몽골어, 터키어, 퉁구스어, 만주어 등과 함께 알타이어 계통이라고 한다. 이들 언어와 함께 한국어를 알타이어라고 하는 것은 첨가어로서의 특징을 나타내기 때문이다.

(1) 아이-가 꽃병-을 깨-뜨리-었-겠-더-군-요.

한국어는 (1)에서 볼 수 있듯이 어휘적 의미를 나타내는 '아이', '꽃병'과 같은 명사에 '가', '을'이 붙어 문법적인 의미를 나타내거나 동사 '깨(다)'에 '-뜨리-'를 붙여 '강조'의 뜻을 더하거나 '-었-', '-겠-', '-더-', '-군', '-요'를 붙여 다양한 문법적 의미를 나타낸다. 이처럼 한국어는 어휘적 요소에 문법적 요소를 덧붙여 단어나 어절을 만드는데 이러한 언어 유형을 첨가어라고 한다.

둘째, 일반적으로 한국어는 '주어 + 목적어 + 서술어(SOV)'의 순서로 문장이 이루어지고 수식어는 항상 피수식어 앞에 온다.

(2) 아이가 빨간 사과를 먹는다.

(2)에서 한국어의 일반적인 문장 성분의 배열은 '주어(아이가) + 목적어(사과를) + 서술어(먹는다)' 순서임을 알 수 있다. 그리고 어순상 수식성분인 '빨간'은 피수식어인 '사과' 앞에 놓인다. 그러나 한국어에서 어순은 비교적 자유로워서 문장 성분의 자리 이동이 가능하다.

셋째, 한국어는 높임법이 매우 발달해 있다. 대화나 글에 등장하는 사람들 사이에서 높이고 안 높이는 것은 나이의 많고 적음, 친한 정도, 직위의 높고 낮음에 따라 결정된다. 그리고 높임은 '-께서'와 같은 조사나 '집' 대신 '댁'과 같은 어휘로 표시한다.

(3) 가. 현교가 전화를 받는다. 나. 할아버지께서 전화를 받으신다.

(4) 가. 영수야, 집에 가니? 나. 선생님, 댁에 가십니까?

이외에도 한국어에는 다른 언어에는 없는 소리의 대립이 있고 모양이나 소리를 흉내 내는 의성의태어가 매우 발달해 있기도 하다.

출처: 국립국어원(2005), 〈외국인을 위한 한국어 문법 1〉, pp. 23-39

읽기

1. 다음 표는 한국어 사용자의 분포를 요약한 것입니다. 빈칸에 알맞은 국가명 또는 지역명을 써 보십시오.

한반도(남한 + 북한)	6,700만 명
중국	200만 명
미국	180만 명
(　　　　)	70만 명
(　　　　)	50만 명
……	……
합계	7,200만 명

2. 이 글에서 말하는 한국어의 특징이 아닌 것은 무엇입니까?

① 한국어는 어휘적 요소에 문법적 요소를 덧붙여 단어나 어절을 만든다.
② 한국어는 항상 '주어 + 목적어 + 서술어'의 순서로 문장을 만든다.
③ 한국어는 어른을 존중하는 사회적 특성이 높임법으로 표현된다.
④ 한국어는 소리나 행동을 흉내 내는 말을 많이 가지고 있다.

3. 이 글에서 제시하는 것 외에도 한국어의 특징은 많습니다. 한국어와 관련된 내용으로 잘못된 것은 무엇입니까?

① 한국어의 자음에는 평음·유기음·긴장음 등이 있다.
② 한국어의 음절 초나 음절 말에는 하나의 자음만 올 수 있다.
③ 한국어는 꾸며 주는 말이 꾸밈을 받는 말 앞에만 온다.
④ 한국어에서 조사 '은/는'은 주어를 나타낸다.

어 휘

1. 다음에 들어갈 표현을 〈보기〉에서 찾아 쓰십시오.

사용자	교류	강조	비교적	구직

(1) 이 그림은 빛과 어두움의 대립을 ____________________ 했다.

(2) 이 사전은 성능은 좋으면서 ____________________ 가격은 저렴합니다.

(3) 예전에는 중국과의 문화적 ____________________를 통해 선진 문화를 받아들였다.

(4) 실직 기간이 길어질 경우 재취업이 어려워 ____________________을 포기하는 경우가 많다.

(5) 한국어 ____________________가 늘어난 것은 국제 사회에서 한국어의 위상이 높아졌기 때문이다.

2. 다음 의미를 뜻하는 단어를 〈보기〉에서 찾아 쓰고, 그 단어를 사용하여 문장을 만들어 보십시오.

흉내 내다	결정되다	덧붙이다	표시하다	가능하다

(1) 할 수 있거나 될 수 있다 (   )

(2) 행동이나 태도가 분명하게 정해지다 (   )

(3) 남이 하는 말이나 행동을 그대로 따라하다 (   )

(4) 원래 있던 것에 더하다 (   )

(5) 겉으로 드러내 보이다 (   )

(1) ____________________

____________________.

(2) ____________________

____________________.

(3) ____________________

____________________.

(4) ____________________

(5)

3. 다음 중 관계없는 단어를 고르십시오.

높임법	직위	나이	조사	어휘	어순

4. 관련된 어휘들을 바르게 연결하십시오

(1) 문장 성분	① '-(으)시', 댁, 드시다
(2) 문법적인 요소	② 주어, 목적어, 서술어
(3) 높임법	③ '-었-', '-겠-', '-더-', '-군'
(4) 의성의태어	④ 멍멍, 칙칙폭폭, 번쩍번쩍, 살금살금

문 법

1. 에 불과하다

명사나 수량 표현에 붙어 그 수준을 넘어서지 못함을 나타낼 때 사용한다.

예 변하지 않는 사랑이란 환상에 불과하다.
대부분의 언어는 사용자 수가 수백 또는 수천에 불과하다.

연습 '에 불과하다'를 사용하여 다음 문장을 완성하십시오.

(1) 그 시절 섬 마을 학교는 전교생이 5명 ____________.

(2) 영원한 사랑이란 환상 ____________.

(3) 나이는 숫자 ____________게 젊게 사는 그의 주장이었다.

(4) 그는 전쟁 중 휴지 조각 ____________ 그 문서들을 소중하게 보관했다.

(5) 1850년에 10억 ____________ 세계 인구는 1990년에는 50억을 넘게 되었다.

2. 에 비해서

앞의 명사가 비교의 대상이 되어 뒤 내용과 같은 결과가 있음을 나타낼 때 쓰인다.

예 한국어는 다른 언어들에 비해서 세계 여러 곳에서 사용되고 있다.

연습 '에 비해서'를 사용하여 다음 문장을 완성하십시오.

(1) 그는 나이에 비해서 ____________.

(2) 서울은 내 고향에 비해서 ____________.

(3) 내 친구는 나에 비해서 ____________.

(4) 아버지는 어머니에 비해서 ____________.

(5) 한국어는 우리 나라말에 비해서 ____________.

보충 및 심화

'에 비하면', '에 비해', '에 비하여'와 큰 의미 차이 없이 바꿔 쓸 수 있다.

예 한국어는 다른 언어들에 비하면 세계 여러 곳에서 사용되고 있다.
한국어는 다른 언어들에 비해 세계 여러 곳에서 사용되고 있다.
한국어는 다른 언어들에 비하여 세계 여러 곳에서 사용되고 있다.

3. -더라

+의미(1인칭 주어와 쓰이지 않을 때)
'-더라'는 일반적으로 1인칭 주어와 쓰이지 않지만, 말하는 사람이 자신의 행위를 인식하지 못한 채 행동하고 있다가 어느 시점에서 그렇게 행동하고 있음을 인식하게 되어 그 행동을 회상하여 나타낼 때는 1인칭 주어를 사용할 수 있다.

예 술에서 깨어나 보니, 내가 길에 누워 있더라.

연습 '-더라'가 1인칭 주어와 쓰일 수 있도록 빈칸에 적절한 상황을 써 넣으십시오.

(1) ______________________ 내가 결혼하더라.

(2) ______________________ 내가 수첩을 가방에 넣어 두었더라.

(3) ______________________ 내가 비행기에서 다른 사람 자리에 앉더라.

(4) ______________________ 내가 너한테 생일 선물을 주더라.

(5) ______________________ 나는 매일 이 자리에서 노래를 부르더라.

보충 및 심화

'-더라'는 큰 의미 차이 없이 '-더구나', '-더군', '-데'로 바꿔 쓸 수 있다. 그러나 '-더라'가 '누구', '무엇', '언제', '어디' 등의 의문사와 함께 쓰일 때는 '-더구나', '-더군', '-데'로 바꿀 수 없다.

예 술에서 깨어나 보니, 내가 길에 누워 있더라.
술에서 깨어나 보니, 내가 길에 누워 있더구나.
술에서 깨어나 보니, 내가 길에 누워 있더군.

> 술에서 깨어나 보니, 내가 길에 누워 있데.
> 예 그 사람 이름이 뭐더라?
> 그 사람 이름이 뭐더구나? (×)
> 그 사람 이름이 뭐더군? (×)
> 그 사람 이름이 뭐데? (×)

문형학습

【문형 06】 1이 2에서 용언 +【문형 07】 1이 2에게서 용언
【문형 06】 1이 2에서 용언 +【문형 07】 1이 2에게서 용언 +【문형 08】 1이 2로 용언

예 1

(1) 너는 그 건물에서 떨어지고, 창호는 나에게서 떨어져라.

(2-1) 국민 개인은 약한 존재에 불과하지만, 국가의 권력은 전체 국민에게서 나온다.

(2-2) 이전에 비해 더 행복해진 그녀에게서 사랑의 편지가 날아왔다.

(3) 그녀의 첫 한국 여행은 설렘으로 시작하여 뿌듯함으로 끝났다고 하더라.

예 2

(1) 아래의 지문에서 위에 제시한 문형을 찾아보십시오.

19세기와 20세기의 교체기에 한국어의 계통에 관한 여러 주장이 제기되었지만, 아직까지 그것들은 하나의 가설에 불과하다. 인도유럽어족이 여러 가지 증거에 의해서 하나의 어족으로 증명되어 많은 학자들에게서 인정되는 것에 비해서, 한국어의 계통에 대한 여러 가지의 주장이 가설로 머물러 있는 것은 믿을 수 있는 증거의 제시에서 멀리 떨어져 있기 때문인데, 그 중 다른 가설에 비해 유력한 가설이 알타이 계통설이다.

한국어의 알타이 계통설이 학자들 사이에서 유력하게 제기된 것은 한국어와 알타이 제어가 몇 가지의 공통 특질을 가지고 있기 때문이다. 통사론적인 특징으로 첫째 기본적인 문장 구조가 동일하다. 둘째, 어순이 비교적 자유스럽고, 격조사가 발달되어 있다. 셋째, 관계대명사가 없고, 접속사가 발달하지 못했으며, 이 역할을 하는 연결어미가 발달되어 있다. 넷째, 부동사와 연결어미가 발달되어 있다. 다섯째, 후치사가 발달되어 있다. 형태론적인 특징으로 여섯째, 교착성을 보여준다. 음운론적인 특징으로 일곱째, 모음조화가 있다. 여덟째, 어두의 자음조직이 제약을 받고 있다. 아홉째, 모음교체 및 자음교체가 없다.

이러한 유사성에도 불구하고, 한국어가 알타이 어족의 하나라는 주장은 아직 증명되지 않은 하나의 유력한 가설에 불과한데, 그 이유는 다음과 같다. 언어들의 친족성

을 증명하기 위해서는 비교 대상의 언어에서 음성이나 의미가 유사한 어휘를 찾고, 이들이 차용어가 아니라는 것을 증명한 후 음운대응의 규칙성을 찾아야 한다. 그런데 한국어와 알타이 제어는 문법적인 구조의 유사성으로 친족관계의 개연성만 보여 주고 있기 때문이다.

(2) 다음의 단어로 위의 문형을 만들어 보십시오.

① 기원하다 ② 추락하다 ③ 살다 ④ 도망가다 ⑤ 분화되다

말하고 쓰기

※ 한국어를 배우면서 여러분 모국어와 다른 점을 많이 발견했습니까? 여러분 나라의 언어와 한국어의 차이점에 대해서 이야기해 봅시다. 그리고 이를 간단하게 정리해 글로 써 보십시오

한국어	나의 모국어

제목:

4 예술과 상업성

학습목표

1. '예술과 상업성'과 관련된 글을 읽고 내용을 파악하게 한다.
2. 자신이 관심이 있는 예술가와 그의 작품 세계에 대해 글을 쓴다.
3. '예술과 상업성' 관련 어휘, 결과와 정도를 나타내는 표현의 의미를 이해하고 사용한다.

이야기하기

1. 여러분은 다음 그림을 본 적이 있습니까? 이 그림들이 예술 작품에 속한다고 생각합니까? 아니라면 예술 작품에 속하지 않는 것은 무엇이라고 생각합니까? 그 이유는 무엇입니까?

2. 여러분은 상업 예술이 무엇이라고 생각합니까? 미술, 음악 분야에서 상업 예술이라고 생각되는 예를 찾아 정리한 후 이야기해 보세요.

상업 예술의 정의		
상업 예술의 예	미술 분야	
	음악 분야	

3. 순수 예술과 상업 예술의 차이는 무엇이라고 생각합니까?

순수 예술	상업 예술

※ 다음을 읽고 물음에 답하십시오.

예술과 상업성

(가) 예술 하면 먼저 떠오르는 이미지는 일반 대중과는 거리가 먼 선택받은 소수들에게만 해당되는 고급스러움이다. 고급 문화로 간주되는 예술이 자본주의의 발달로 인해 생산과 소비라는 관계 속에서 평가받기 시작했다. 한 예술 평론가는 예술 작품을 의사전달 수단의 하나로 보고, 예술은 예술 작품을 감상하려는 관객과 상호 연관 관계를 갖는 것이라고 했다. 그러므로 예술가는 단순히 예술 작품을 생산해 제공하는 사람이 아니라 예술 작품을 수용하고 소비하는 소비자 즉 관객과의 상호작용 속에서 창작 활동을 통해 실력을 발휘해 작품을 만들어 내는 역할을 담당하게 되었다. 다시 말해 생산자가 단순히 예술 작품을 제공만 하면 수용자가 그저 수동적으로 감상하는 것이 아니라, 생산에는 수용의 요소가, 수용에는 생산의 요소가 들어 있는 상호적인 연관성 있는 관계가 되어야 한다는 것이다.

(나) 이와 같은 상호 연관 관계 속에서 예술가들과 같은 감정을 느끼는 관람객들은 예술가가 제작한 작품을 구매하려 한다. 그리고 예술가들은 구매자들에게 자신의 작품을 판매하기 위해서 다시 작품을 제작하고, 그 작품은 다시 시장에 유통된다. 이러한 현상에 대해 비판적 이론가들은 예술 작품이 시장에서 팔리는 상업화 현상이 예술의 타락과 소외를 초래한다고 주장한다. 상업화가 창작품을 예술성이 결여된 천박한 상품으로 만들어 버린다는 것이다. 예술가들은 질 낮은 상품 생산자로 전락해 버리고 관람객은 그저 갖고 싶은 물건을 구매하는 사람으로 만들어 버린다는 것이다.

(다) 이러한 비평이 있음에도 불구하고 예술 시장의 활성화는 예술가의 경제적인 안정에도 긍정적인 영향을 준다. 잠재력 있고 재능 있는 젊은 예술가들이 경제적으로 자유롭게 예술 활동에 전념할 수 있다. 이로 인해 예술계는 전반적으로 다양한 장르에 거쳐 안정적으로 발전할 수 있다. 그리고 예술 시장의 활성화는 실제 국가의 경제 활동에도 영향을 준다. 예술 시장의 활성화로 창작에 필요한 각종 재료 시장, 예술품이 거래되는 작품 시장 등이 활발하게 움직임으로써 경제 발전에 도움을 주기 때문이다.

(라) 그 예의 하나가 바로 '상업 예술'의 등장이다. 상업 예술은 예술성을 유지하면서 관람객인 수용자를 염두에 둔 예술 작품들을 제작하는 것을 말한다. 이에 속하는 예술가로는 우리가 잘 아는 미국의 팝 아티스트(pop artist), '앤디 워홀(Andy Warhol)'이 있다. 그는 20세기 초 미술계가 전통적 미술 감각을 가지고 붓으로 색칠하거나 콜라주를 만드는 것에 멈춰 있을 무렵, 등장했다. 그는 예술적 핵심을 대중문화의 특성에서 찾아서 이를 예술에 적용시켰다. 그는 예술과 거리가 먼 통조림이나 콜라 병 같은 비예술적인 사물을 대상으로 삼아 그림을 그렸는데 당시 그의 작품들이 발표되었을 때 '이것이 예술인가'할 정도로 충격적이었다. 그러나 그의 작품은 일상과 예술의 거리를 좁혔으

며, 예술가들에게 영감의 원천을 제공하였다는 평가를 얻고 있다. 그 후 그의 그림에 대한 가치는 매우 높아져 미술시장에서 억대로 팔리게 되었다. 그는 큰 명성을 얻었거니와 부도 거머쥘 수 있었다. 이처럼 예술의 상업화는 예술을 다양한 분야로 발전시킨다든지, 예술가들을 경제적으로 안정시켜 더 많은 아름다움을 표현할 수 있도록 돕는 긍정적인 효과를 거두고 있다.

1. 다음 중 맞는 것에 ○, 틀린 것에 × 하십시오.

① 예술이 고급 문화로 여겨진 것은 자본주의의 발달 때문이다. ( )

② 앤디 워홀의 작품이 처음 나왔을 때 사람들은 새로운 시도에 찬사를 보냈다. ( )

③ 예술의 상업화는 예술 외에 다른 분야까지 폭넓게 발전시키는 계기가 되었다. ( )

2. 다음 중 상업 예술에 대한 설명으로 알맞지 않은 것은 무엇입니까?

① 과거에는 예술의 가치를 떨어뜨렸다는 의견이 지배적이었다.

② 상업 예술 작품들은 예술 시장 활성화에 도움이 되지 못했다.

③ 관람객이 좋아할 내용을 제작하되 예술성은 유지되어야 한다.

3. 글의 각 단락의 요지를 쓰십시오.

(가) 단락	
(나) 단락	
(다) 단락	
(라) 단락	

어 휘

1. 다음에서 알맞은 것을 골라 문장을 완성하십시오.

구매하다	전념하다	발휘하다	전락하다	수용하다

(1) 소비자들은 대체로 쓰던 상품이 마음에 들면 그 상품보다 더 좋은 신상품이 나와도 이전 것을 계속 ________________ 것으로 나타났다.

(2) 그 분은 학위를 받은 후 모교에 돌아가 역사학 연구에 ________________ 작년에 타계하셨다.

(3) 퇴직 후 퇴직금으로 사업을 했으나 경험 미숙으로 실패해 빈곤층으로 ________________ 사람들이 종종 있다.

(4) 우리집에 손님이 오신다고 해서 오래간만에 내 요리 솜씨를 ________________ 손님상을 차렸다.

(5) 어제 회사는 직원들에게 임금 삭감을 ________________, 새로운 일자리를 찾아보든지 둘 중에서 택하라는 메일을 일방적으로 보냈다.

2. 다음에서 알맞은 의미를 찾아 연결하고 알맞은 것을 찾아 문장을 완성하십시오.

ㄱ. 간주되다 •	• ① 틀어잡거나 휘감아 쥐다
ㄴ. 거머쥐다 •	• ② 상태, 모양, 성질 따위가 그와 같다고 여겨지다
ㄷ. 유통되다 •	• ③ 화폐나 물품 따위가 세상에서 널리 쓰이다
ㄹ. 안정시키다 •	• ④ 바뀌어 달라지지 아니하고 일정한 상태를 유지시키다
ㅁ. 적용시키다 •	• ⑤ 알맞게 이용하거나 맞추어 쓰이도록 하다

(1) 대중성이 있는 작품이 예술성이 높은 작품으로 ________________ 현실이 안타깝다.

(2) 오늘은 화폐가 발행되어 시중에 ________________ 과정에 대해 공부하도록 하겠다.

(3) 연예계에 데뷔한 지 2년 만에 그 여배우는 신인 여자배우상을 ________________ 화제가 되었다.

(4) 외국 유학생 유치에 성공한 다른 학교의 사례를 우리 학교에 ________________ 보려 했으나 반대에 부딪혀 무산되고 말았다.

(5) 이번 정부의 조치로 술렁이던 주식 시장을 일시적으로는 ________________ 있겠지만 근본적인 해결책은 될 수 없다는 평가이다.

3. 다음 의미에 맞는 단어를 찾아 쓰십시오.

소질	창작	개성	감성	영감

(1) 태어날 때부터 가지고 있는 능력 (　　　　　)

(2) 주로 예술가들에게 풍부하게 있는 것으로 자극의 변화를 느끼는 성질 (　　　　　)

(3) 새로운 물건을 만들어 내는 것이나 만들어 낸 물건 (　　　　　)

(4) 다른 사람과 구별되는 고유한 특성 (　　　　　)

(5) 창조적인 일에 계기가 되는 기발한 착상이나 자극 (　　　　　)

4. 다음에서 알맞은 것을 골라 문장을 완성하십시오.

염두에 두다	명성을 얻다	거리를 좁히다	효과를 거두다	이미지가 떠오르다

(1) 그 영화배우는 베를린 국제영화제에서 남우주연상을 받음으로 인해 세계적인 ________________ 되었다.

(2) 제가 아는 어떤 화가는 다른 일을 하다가도 찾고자 하는 ________________ 하던 일을 멈추고 스케치부터 한다.

(3) 나는 내년에 회사로 돌아갈 것을 ________________ 그것에 맞춰 다른 계획들을 세웠다.

(4) 이번에 발표한 교통 정책으로 교통량 감소라는 ________________에는 한계가 있어 보인다.

(5) 대통령 선거 후보자들은 국민과 멀어진 ________________ 위해 다양한 방법으로 의사소통 통로를 마련했다.

문 법

1. -(으)ㄹ 무렵

대략 어떤 시기와 일치하는 때, 즈음을 나타낼 때 쓴다.

예 해가 질 무렵 동생이 가방을 들고 집으로 들어왔다.

연습 다음에서 알맞은 말을 찾아 문장을 완성하십시오.

끝나다	저물다	동트다	닫다
내리다	완공되다	그만두다	가까워지다

(1) 영화가 거의 다 ________________ 집에서 전화가 왔다.

(2) 새로운 우체국 건물이 ________________ 지하철 역 공사가 시작되어 다시 길이 복잡해졌다.

(3) 날이 ________________ 비가 오기 시작했다.

(4) 내가 회사를 ________________ 회사 사정이 나빠지기 시작했던 걸로 기억한다.

(5) 오후 2시가 ________________ 친구에게서 급한 전화가 왔다.

(6) 아침에 ________________ 이미 산에는 등산하는 사람들로 붐비기 시작했다.

(7) 공연의 막을 ________________ 한 남자가 무대 위로 뛰어 올라왔다.

(8) 가게 문을 ________________ 손님 한 분이 와서 과일을 다 사가서 오늘은 남은 게 하나도 없다.

2. -(으)ㄹ 정도로

어떤 일을 할 만큼의 뜻을 나타낼 때 쓴다.

예 가만히 있어도 땀이 날 정도로 덥다.

연습 다음에서 알맞은 말을 찾아 문장을 완성하십시오.

믿기지 않다	눈물이 나다	자리가 없다	평을 받다
폐업을 검토하다	신문에 보도되다	분에 넘치다	착각을 일으키다

(1) 그 배우가 이번이 초연이라고는 ________________ 연기를 잘했다.

(2) 가요 순위 프로그램은 일찍 가서 기다리지 않으면 방청할 ________________.

(3) 이 이야기는 그저 생각만 해도 ________________ 내용이 슬프다.

(4) 소설가 김주영 씨는 이번 작품으로 거의 매일 ________________ 매스컴의 많은 관심을 받았다.

(5) 그 영화는 신출내기 감독이 찍었는데도 국제영화제 대상감이라는 ________________ 수작이라고 한다.

(6) 두 사람의 얼굴이 너무 닮아서 매일 보는 나도 ________________.

(7) 그 축구 감독은 선수들에게 칭찬하지 않기로 유명한데 유독 박수호 선수에게는 ________________ 극찬을 하곤 한다.

(8) 새로 시작한 사업의 매출이 기대에 못 미쳐서 현재 ________________라고 한다.

3. -기, -(으)ㅁ

-기

동사나 형용사가 문장 내에서 주어, 목적어 등의 명사 구실을 하게 하는 어미로 어떤 일을 할 것에 대해 알리거나 일반화된 사실임을 나타낼 때 쓴다.

예 철수는 공부하기가 싫었다.
이번 일을 식은 죽 먹기야.

-(으)ㅁ

동사나 형용사가 문장 내에서 주어, 목적어 등의 명사 구실을 하게 하는 어미로 공고문이나 메모에서 어떤 사실을 간단하게 기록하거나 알릴 때 쓴다.

예 그가 떠나고서야 내가 그를 사랑했음을 알았다.
10시에 회의가 있을 예정임.

문 법

'-기', '-(으)ㅁ'은 모두 동사, 형용사에 붙어 명사처럼 쓰이는 역할을 한다는 공통점이 있다. 그런데 '-(으)ㅁ'은 '-기'에 비해 이미 알고 있거나 일어난 사실에 많이 쓰여 사실성이 강하다. 따라서 이런 차이로 '-(으)ㅁ'과 '-기'는 각각 다른 동사, 형용사와 어울리는 경향이 있다. '옳다, 나쁘다, 이롭다, 분명하다, 확실하다, 틀림없다, 드러나다, 알려지다, 밝혀지다, 발견하다, 알다, 주장하다, 보고하다, 알리다' 등은 앞의 각각 주어와 목적어로 '-(으)ㅁ'을 쓴다.

예 철수가 학생임에 틀림없다. (○)
철수가 학생이기가 틀림없다. (×)

반면에 '쉽다, 어렵다. 힘들다, 좋다, 좋아하다, 싫어하다, 두려워하다, 바라다 희망하다, 기원하다, 시작하다, 그치다, 멈추다' 등은 '-기'를 쓴다.

예 철수를 만나기가 어렵다. (○)
철수를 만남이 어렵다. (×)

연습 다음에서 알맞은 것에 ○ 하십시오.

(1) 동생은 공부함을 좋아한다. (　　)
동생은 공부하기를 좋아한다. (　　)

(2) 나는 네가 성공함을 바란다. (　　)
나는 네가 성공하기를 바란다. (　　)

(3) 친구는 자신이 외국인임을 다른 사람들에게 알렸다. (　　)
친구는 자신이 외국인이기를 다른 사람들에게 알렸다. (　　)

(4) 그 사람은 매사 좋고 싫음이 분명한 편이다. (　　)
그 사람은 매사 좋고 싫기가 분명한 편이다. (　　)

(5) 갑작스러운 소식에 일함을 멈추고 멍하게 있었다. (　　)
갑작스러운 소식에 일하기를 멈추고 멍하게 있었다. (　　)

문형학습

【문형 09】 ①이 문고 용언
【문형 10】 ①이 ②에 문고 용언
【문형 11】 ①이 ②에게 문고 용언

예 1

(1) 어떤 예지인이 인생은 짧고 예술은 길다고 말했다.
기자는 몇몇 회사가 과대 허위 광고를 했다고 언급하였다.

(2) 예술가들은 정부에 예술 관련 예산을 늘려 달라고 요구했다.
국민의 행복 추구권을 보장해 달라고 요청했다.

(3) 시민들은 시청에 이주권을 보장하라고 요구했다.
예산부서장은 부하직원들에게 예술도 상업적이어야 한다고 강조했다.

예 2

(1) 아래의 지문에서 위에 제시한 문형을 찾아보십시오.

예술이란 원래 기술과 같은 의미를 지닌 어휘로서, 어떤 기구를 다루거나 물건을 제작하는 기술 능력을 가리켰다. 그런데 현대적으로는 그 의미가 좀 달라진 듯하다. 표준국어대사전은 예술이란 "특별한 재료, 기교, 양식 따위로 감상의 대상이 되는 아름다움을 표현하려는 인간의 활동 및 그 작품. 공간 예술, 시간 예술, 종합 예술 따위로 나눌 수 있다"고 정의내린다. 그리고 상업성이란 상업이라는 행위에 의해 이윤을 추구하는 것을 뜻한다.

어떤 예술가는 '예술은 비상업적이야 한다'고 주장하면서, 당국에 '인간답게 살 수 있을 정도로 지원을 하여 비상업적일 수 있는 여건을 확보해 달라'고 하고, 대중들에게는 '예술을 이해해 달라'고 한다. 또 어떤 예술가는 '예술가는 자신의 예술로 타인에게 즐거움을 주는 사람이다'라고 하면서 '예술가의 예술성은 바로 대중들에게 인정받는 정도에 달려 있고, 대중들과 같이 호흡하기에 달려 있다'고 한다. 그리하여 정부 당국이나 관공서에 예술 관련 예산을 요구하는 것은 예술의 발전을 저해하는 것이라고 한다.

이처럼 예술의 대중성과 전문성, 상업성과 비상업성과 관련된 문제는 인간들에게 지속적으로 제기되는 문제들이라고 할 수 있을 것이다. 예술가의 공연이 시작할 무렵부터 끝 무렵까지 대중이 없으면 아무리 우수한 연주자라도 연주를 할 수 없을 것이고, 연주 장소가 미어터질 정도로 관중이 많을 경우 예술성과 상관없이 상업적으로 성공했다고 할 수 있을 것이다.

(2) 다음의 단어로 위의 문형을 만들어 보십시오.

① 좋다 ② 나쁘다 ③ 강요하다 ④ 협박하다 ⑤ 칭찬하다

말하고 쓰기

여러분이 좋아하는 예술가는 누구입니까? 어떤 계기로 그 사람에 관심을 갖게 되었습니까? 그 작가의 작품에는 어떤 것이 있습니까? 여러분이 좋아하는 예술가와 그 사람의 작품 세계에 대해 소개하는 글을 써 보십시오.

제목:

5 환경과 인간

학습목표

1. 환경의 중요성을 이해하고 환경과 인간의 관계에 대한 이해를 하게 한다.
2. 개발이 가져온 긍정적인 측면과 부정적인 측면을 파악한다.
3. 환경과 관련된 어휘 및 표현을 이해하고, 의존명사의 쓰임을 이해하고 사용한다.

이야기하기

1. 여러분은 '세계 환경의 날'이 언제인지 아십니까? 또한 여러분은 지구의 환경 파괴와 오염의 심각성에 대해 생각해 본 적이 있습니까?

2. 다음 글은 '천성산 도롱뇽 소송'과 관련된 내용입니다. 환경 영향에 대한 철저한 평가 없이 공사가 진행되었다고 하여 개발주의자와 환경보호주의자의 입장이 첨예하게 대립되었던 소송입니다. 글을 읽고 친구들과 개발과 관련된 환경 문제에 대해 이야기해 봅시다.

지금까지 환경 관련 소송은 주로 지역 주민들이 냈지만 이번에는 천성산에 사는 도롱뇽이 고속철도 공단에 법정 소송을 걸었다. 경부 고속철도의 대구-부산 구간에 예정되어 있는 길이 13km의 천성산 터널은 지역 주민들에게는 큰 피해를 주지 않는 대신 꼬리치레 도롱뇽을 포함한 30종의 희귀 동식물에게 치명적인 피해를 준다. 그래서 '도롱뇽의 친구들'이라는 이름으로 모인 수많은 소송인단은 도롱뇽을 그 주체로 내세웠다. '도롱뇽의 친구들'을 처음 제안한 천성산 내원사의 지율 스님은 환경 영향 평가 재실시를 위해 50일이 넘는 단식 농성을 하기도 했다.

출처: 로고스교양연구회 지음(2004), 〈교과서 속에 숨어 있는 논술Ⅰ〉, 살림

1 터널 사진

2 서명 운동

읽기

다음을 읽고 물음에 답하십시오.

하나뿐인 지구가 몸살을 앓고 있다. 오늘날 지구상의 인구는 무려 50억 명이 넘는다. 그 많은 사람들이 제각기 풍요로운 삶을 누리는 가운데 지구의 몸살이 심화되고 있는 사실을 우리는 외면하고 있다. 그래서 후손들의 몫이기도 한 자연의 값진 유산들이 빠른 속도로 고갈되고 사라져 가고 있다. 생태계·오존층 파괴, 해양오염, 사막화 현상이 지구의 건강을 위협하고 있다. 오늘은 지구의 날이다. 1969년 미국 해안에서 발생한 대규모 기름 유출 사고를 계기로 미국 상원의원 넬슨이 주창해 제정된 지구의 날은 개발로 파괴되는 지구환경 보호와 인류의 미래를 생각해 보자는 날이다.

맑은 공기, 맑은 물을 비롯한 지구의 천연자원과 기초자원은 영구 보전되어야 한다. 지구 고유의 생명현상을 유지하는 데 필수적인 자원이기 때문이다. 지구자원의 지속적인 재생산을 위한 소중한 자원은 생명현상을 지켜주는 생물자원이다. 사람의 의식주 생활과 삶의 질을 유지하는 데도 없어서는 안 될 자원들이 자연계의 생명현상으로부터 생산되고 재활용되는 사실을 우리가 잊어서는 안 된다. 땅 위의 생명현상은 바로 지구라는 커다란 배터리의 충전체계와 같은 것이다.

그런데 하루가 다르게 생물다양성이 감소되며, 멸종되는 생물들이 늘어만 가고 있다. 국제자연보존연맹은 지난해 고등식물의 약 7분의 1이 멸종위기에 직면해 있다고 경고했다. 본시 생물계의 모든 구성원은 지구환경 안에서 독특한 조화와 균형을 이루며 기능할 수 있도록, 유구한 세월 동안 적응과 진화를 거듭해 온 것들이다. 자연계 안에서 담당하는 역할을 고려하면, 그 어느 종이든 귀하지 않은 것이 없다.

하찮게 보이는 곤충일지라도 사람들이 사용하는 강력한 살충제 때문에 모두 사라져 버린다면, 곤충의 매개로 씨앗을 맺는 식물들이 대를 잇지 못하게 될 것이다. 뿐만 아니라 곤충만을 먹이로 살아가는 개구리·두꺼비를 비롯하여 또 그들을 먹이로 살아가는 새와 동물이 멸종하는 연쇄반응이 초래될 것이다. 우리나라에서도 자연생태계의 먹이사슬이 훼손되고 멸종현상이 더욱 가속화됨에 따라 많은 문제들이 발생하고 있다. 그런데도 우리는 이런 문제에 대한 별다른 대책을 논의하지 않고 있다.

우리나라의 현실은 더욱 심각하다. 지난 30여 년 사이에도 우리에게 잘 알려져 있던 동식물의 우수한 종이 이 땅에서 사라져 가고 말았다. 미래 사회에 필수적인 자원들도 이처럼 무수히 사라져 가고 있는 게 또한 사실이다. 이 땅의 어른들은 야생의 표범, 늑대, 여우, 황새, 따오기, 크낙새 등의 모습을 기억하고 있을지 모른다. 그러나 어린 세대들은 이들 동물의 모습을 다시 보기 어려운 세상을 살아가고 있다. 자연의 생명현상이 단절된 도시환경에서 막연히 더 좋은 세상만을 기대하면서 아무렇지 않은 듯 살아가고 있다.

지구촌 사람들 모두가 하나뿐인 지구를 살리는 데 나서야 할 때이다. 자원과 물질 사용에 절제된 욕망, 새로운 의식과 태도로 변화된 생활방식을 추구하는 일도 중요하다. 어린이들은 일찍부터 부모와 함께 자연과 생명현상을 귀중한 것으로 배우고 느낄 수 있는

기회를 가질 수 있어야 한다. 자연을 보전하자는 새로운 생각은 지구생태계 보존뿐만 아니라, 사람의 지속적인 생존을 위해서도 가장 시급하고 값진 사상이기 때문이다.

출처(원문 부분 수정): 김수일(한국교원대교수 생물교육학), 문화일보, 1999-4-22=
박만경 역(2001), 〈대입교양상식〉, 자우출판사

1. 윗글에서 말하고 있는 지구상의 문제가 아닌 것은 무엇입니까?

① 생물 다양성이 감소되고 멸종 생물이 늘어가고 있다.
② 지구상의 많은 사람들이 풍요로운 삶을 누리고 있다.
③ 생태계·오존층 파괴, 해양오염, 사막화 현상이 심각하다.
④ 자연의 생명현상이 단절된 환경에서 아무렇지 않게 살아가고 있다.

2. 이 글에서 필자가 궁극적으로 이야기하고자 하는 중심생각은 무엇입니까?

① 지구의 날은 1969년 기름 유출 사고를 기억하기 위한 날이다.
② 모든 생물은 자연계 안에서 각기 담당하는 역할이 있으므로 귀하지 않은 것이 없다.
③ 개발로 파괴되는 지구 환경 보호를 위해서 자연 보전을 위한 의식과 태도가 필요하다.
④ 우리나라에서는 자연생태계의 먹이사슬이 훼손되고 멸종현상이 더욱 가속화되고 있다.

3. 다음 중 지구를 살리기 위해 필요한 일이 아닌 것은 무엇입니까?

① 어린이들이 자연과 생명현상에 대해 배울 수 있도록 해야 한다.
② 해로운 곤충을 없애기 위해서 강력한 살충제를 써야 한다.
③ 공기와 물 등 지구의 천연자원을 보전하는 노력이 필요하다.
④ 자원과 물질을 사용하기 전에 욕망을 절제할 줄 알아야 한다.

어휘

1. 다음은 '환경'과 관련된 단어들입니다. 단어의 뜻풀이를 찾아 연결하십시오.

(1) 생태계	●	●	① 오존(O_3, ozone)을 많이 포함하고 있는 대기층
(2) 오존층	●	●	② 강수량의 부족, 지구온난화, 토양산성화 등으로 건조 지역이 많아지는 현상
(3) 사막화 현상	●	●	③ 석유, 석탄, 천연가스 등과 같이 천연적으로 존재하여 인간 생활이나 생산 활동에 이용할 수 있는 물자나 에너지
(4) 천연자원	●	●	④ 생물의 한 종류가 아주 없어짐
(5) 멸종	●	●	⑤ 어느 환경 안에서 사는 생물군과 그 생물들을 제어하는 제반 요인을 포함한 복합 체계
(6) 재활용	●	●	⑥ 한 번 사용했던 물건을 다른 데에 사용하거나 사용할 수 있게 하는 것

2. 다음 밑줄 친 표현과 같은 의미를 고르십시오.

(1) 후손들의 몫이기도 한 자연의 값진 유산들이 빠른 속도로 고갈되고 있다.
① 잘 지켜지고 있다. ② 없어져 가고 있다.

(2) 생물계의 모든 구성원은 유구한 세월 동안 적응과 진화를 거듭해 온 것들이다.
① 반복해 온 것들이다. ② 거절해 온 것들이다.

(3) 우리나라에서도 자연생태계의 먹이사슬이 훼손되고 멸종현상이 더욱 가속화되고 있다.
① 속도가 빨라지고 있다. ② 점차 감소하고 있다.

(4) 막연히 더 좋은 세상만을 기대하면서 아무렇지 않은 듯 살아가고 있다.
① 특별하지 않고 흔하게 ② 분명하지 않고 어렴풋하게

(5) 자원과 물질 사용에 절제된 욕망, 새로운 의식과 태도로 변화된 생활방식을 추구하는 일도 중요하다.
① 알맞게 조절된 욕망 ② 낭비되지 않은 욕망

(6) 많은 사람들이 제각기 풍요로운 삶을 누리는 가운데 지구의 몸살이 심화되고 있는 사실을 우리가 외면하고 있다.
① 배척하거나 무시하지 않고 ② 똑바로 바라보지 않고

3. 다음 보기에서 의미에 맞는 단어를 찾아 쓰십시오.

위협하다	유구하다	단절되다	보존하다	시급하다

(1) 유대나 연관 관계 등이 끊기다 (　　　　　　)

(2) 으르고 협박하다 (　　　　　　)

(3) 길고 오래다 (　　　　　　)

(4) 보호하여 남아 있게 하다 (　　　　　　)

(5) 몹시 급하다 (　　　　　　)

4. 다음 보기에서 문맥에 맞는 단어를 찾아 쓰십시오.

외면하다	직면하다	추구하다	주창하다	보전하다

(1) 훌륭한 풍습을 ＿＿＿＿＿＿＿＿하여 후손에게 전하려는 노력이 필요합니다.

(2) 가까운 사람들이 나를 이해해 주지 않고 ＿＿＿＿＿＿＿＿할 때 정말 마음이 아파요.

(3) 대학은 진리와 자유를 ＿＿＿＿＿＿＿＿하는 전당이라고 말한다.

(4) 정부는 최근 ＿＿＿＿＿＿＿＿하고 있는 경제적 어려움을 해결할 길을 찾고 있다.

(5) 윌슨이 ＿＿＿＿＿＿＿＿한 민족 자결주의에 대해 찬성하는 사람들이 많다.

문 법

1. -(으)ㄹ지라도

그 행동이나 상태 따위를 '가정하거나 인정하여도'의 뜻을 나타낸다. '-었/았/였을지라도'로도 사용할 수 있다.

예 욕을 먹을지라도 끝까지 밀고 나가겠다.

연습 다음에서 알맞은 말을 찾아 문장을 완성하십시오.

힘들다	있다	없다	작다	멀다

(1) 몸은 비록 ______________ 품은 뜻은 크다.

(2) 토론할 때 나와 다른 의견이 ______________ 문제를 일으키지 않기 위해 침묵하는 경우가 있다.

(3) 법적으로는 아무런 하자가 ______________ 정치적으로는 오해의 소지가 충분히 있다.

(4) 그곳이 여기에서 ______________ 가는 것이 좋다고 생각되면 가야 한다.

(5) 유학생활이 ______________ 참고 노력하면 반드시 좋은 결과가 있을 것이다.

2. -(으)ㅁ에 따라

선행절의 일이 행해지면서 그것을 전제로 후행절의 일이 일어나거나 변화되는 것을 나타낸다. 후행절에 시제 제약은 없으나 변화를 나타내는 동사가 오는 것이 자연스럽다.

예 공기가 오염됨에 따라 호흡기계 질병을 앓는 사람들이 증가하고 있다.

연습 '-(으)ㅁ에 따라'를 사용하여 다음 문장을 완성하십시오.

(1) 학생들은 시간이 지남에 따라 ______________________.

(2) 갑자기 물가가 오름에 따라 ______________________.

(3) 사람은 누구나 나이가 들어감에 따라 ______________________.

(4) 물건을 돌려주겠다는 약속을 받음에 따라 ____________________.

(5) 환경은 우리가 마음먹음에 따라 ____________________.

3. 의존명사: -(으)ㄴ/는/(으)ㄹ 바/데/수/줄

'바', '데', '수', '줄'은 문장 속에서 '일', '방법', '장소', '상황' 등의 명사를 대신하는 뜻을 나타내며 단독으로 쓰이지 않는다. 이들이 문장에 사용되기 위해서는 반드시 앞에 꾸며주는 말이 와야 한다.

① -(으)ㄴ/는/(으)ㄹ 바: '바'는 '일', '방법'이라는 뜻을 나타낸다. 격식체, 문어체에서 많이 쓰인다.

예 사장: 이 과장, 이번 출장은 어땠나?
과장: 네, 이번 출장을 통해 깨달은 바가 많았습니다.

② -(으)ㄴ/는/(으)ㄹ 데: '데'는 '장소', '일', '경우', '상황' 등을 대신하여 쓰인다.

예 서울에서 데이트를 하기 좋은 데는 어디일까?
그 책을 다 읽는 데 3일이 걸렸다.

③ -(으)ㄴ/는/(으)ㄹ 수: '수'는 주로 '있다', '없다'와 함께 쓰여 어떤 사실이나 동작이 일어나거나 생길 가능성이 있음을 나타낸다.

예 외국어를 배우다 보면 갑자기 말문이 트이는 수도 있다고 한다.
나는 도저히 그 문제를 풀 수가 없었다.

④ -(으)ㄴ/는/(으)ㄹ 줄: '줄'은 주로 '알다', '모르다'와 함께 쓰여 어떤 방법이나 사실에 대해 알고 있거나 모르고 있음을 나타낸다.

예 네가 잘 할 줄 알았는데 실망이야.
철수가 그렇게 노래를 잘 하는 줄 몰랐어.

연습 의존명사 '바', '데', '수', '줄'을 사용하여 (　　) 안의 표현을 자연스럽게 고쳐 쓰십시오.

2008년 11월 1일 핑크영화제가 서울 아트센터에서 개막된다. 지난해 처음으로 여성 관객만을 대상으로 개최되었던 핑크영화제는 일본의 핑크영화를 국내에 소개하는 화제의 영화제로 (　　　　　　　　　주목 받다) 있다. 지난해 핑크영화제는 멀티플렉스라는 공간에서 여성들끼리 편안하게 (　　　　　　　　　관람하다) 있었다는 점에서 큰 호응을 얻었다. 본 영화제는 여전히 성에 대한 담론이 자유롭지 못한 우리나라 여성들에게 성과 에로스에 관한 탐색과 수다의 장을 (제공하다)에서 의의를 (찾다) 있다. 개막일은 성인 남성 관객의 관람이 가능하고, 매주 수요일은 '커플데이'로 여성 동반 시 남성의 입장이 가능하다.

출처(아래 기사의 조합, 개작): 조이뉴스24의 앞부분(2008 핑크영화제, 내달 1일 개막, 조이뉴스24, 2008-10-11 + 스포츠월드 기사의 뒷부분(제2회 '2008 핑크영화제' 11월 1일 개막, 스포츠월드, 2008-10-15)

문형학습

【문형 12】 1이 2를 3에서 용언
【문형 13】 1이 2를 3에게서 용언
【문형 14】 1이 2를 3에서부터 용언

예 1

(1) 그는 가방속에서 열쇠를 찾았다
학생은 사전에서 단어의 뜻을 찾아야 한다.

(2) 창호는 아버지에게서 용돈을 탔다.
그는 부모님에게서 용돈을 탔다. 도둑이 그에게서 오만 원을 훔쳤다.

(3) 그들은 토론을 언제나 문제제기에서부터 시작하였다.
그는 여행을 부산에서부터 시작할 것이다.

예 2

(1) 아래의 지문에서 위에 제시한 문형을 찾아보십시오.

환경이란 생물체에게 직접으로나 간접으로나 영향을 미치는 자연적이거나 사회적인 주변 상황을 의미한다. 인간이란 이성적·감성적 존재로서, 주변 환경에서 그리고 주변 사람에게서 영향을 받으며 살아간다.

환경과 인간의 관계에 대해서는 예부터 다양한 견해가 제시되었다. 환경결정론은 생물체의 존재 양상이나 구조가 자연적·생물적·심리적 환경에서 절대적으로 영향을 받는다는 학설이고, 환경가능론은 요람에서부터 무덤까지 인간의 역동적이면서도 능동적인 선택이 사회 형성에서 중요한 역할을 할 뿐만 아니라, 이 사회 속에 내재된 문화를 매개로 하여 자연과의 관계가 형성된다는 점을 강조한다. 한편 문화결정론자인 A. 크로버 등은 문화는 개인에게서 일탈된 상징체계로서 외재적·자립적으로 존재하며 개인은 문화에서 영향을 받아 사고나 행동 양식 등이 결정된다고 하였다.

사람들은 물이 많이 필요한 벼농사를 짓기 위해 지대가 낮은 곳에 논을 만들고 물의 활용을 편하게 하기 위해 논둑을 만든다. 반면에 물이 덜 필요한 밭농사는 지대가 높은 곳에 밭을 만들고 밭의 둑을 따로 높게 만들지 않는다. 어려운 환경 속에서 자급

자족 수준의 생활을 영위해 오던 대관령 부근의 산지 주민들의 생활양상이 획기적으로 변화되었다. 1970년대 영동 고속 국도가 개통되어 수송 수단이라는 새로운 인위적인 환경이 만들어지면서 이곳 주민들은 고랭지 농업과 목축업을 발달시켜 생활수준이 크게 향상된 것이다.

이러한 사실들은 환경이 나쁠지라도 인간이 마음먹음에 따라 극복할 수 있으며, 자연과 문화 그리고 인간은 상호 작용에 의해 영향을 주고받으며 조화를 이룰 때 긍정적인 결과를 가져올 수 있다는 것을 보여 준다.

(2) 다음의 단어로 위의 문형을 만들어 보십시오.

① 찾다 ② 잃어버리다 ③ 나가다 ④ 나오다 ⑤ 읽다

말하고 쓰기

✽ 개발과 환경 보호는 공존할 수 있는 개념인지 생각해 봅시다. 개발이 가져오는 긍정적인 측면과 부정적인 측면을 정리해 보고 우리가 기울여야 하는 노력에 대해서 이야기해 보십시오. 그리고 이를 간단하게 정리하거나 자신의 입장을 밝히는 글을 써 보십시오.

제목: ____________________

6 정보화 산업의 발달

학습목표

1. 한국의 정보화 산업 발달이 가져온 긍정적인 측면과 부정적인 측면을 파악한다.
2. 한국 정보화 사회의 장단점을 분석하고 정보화 사회의 장점을 활용할 방안을 논의한다.
3. 한국의 정보화 산업의 현황과 관련된 어휘 및 표현, 문법을 이해하고 활용하게 한다.

이야기하기

1. 우리 생활 속에서 유용하게 쓰이는 다음 기기들은 정보화 산업의 발전이 가져온 결과물입니다. 여러분이 사용하고 있는 정보화 기기들에는 어떤 것이 있습니까?

1 스마트 핸드폰

2 스마트 스피커

2. 정보화 산업은 우리 삶에 어떤 의미를 가지고 있을까요? 그 긍정적인 측면과 부정적인 측면을 생각해 봅시다.

신바람 나는 사이버 농촌 세상 익산 어량·두여 정보화 마을	젊은층 '디지털 치매' 주의보
 익산시 어량·두여 정보화 마을이 정보화로 주민이 하나 되고 전북도 내 컴퓨터 경진대회 및 홈페이지 활성화 이벤트에서 우수한 성적을 거두고 농가 소득을 높여가고 있어 화제가 되고 있다. 출처: [기획특집] 신바람 나는 사이버 농촌세상 익산어량/두여 정보화마을, 2008-04-28	 이모 씨(33·여)는 휴대 전화·컴퓨터·PDA 없이는 생활이 이뤄지지 않는다. 휴대 전화의 전화번호를 확인하지 않으면 친한 지인의 전화번호조차 기억이 나질 않는다. '치매'란 지능·의지·기억 등 정신적인 능력이 현저하게 줄어드는 것을 뜻한다. 이런 치매에 빗대어 생겨난 '디지털 치매'란 휴대 전화·네비게이션·PDA 등 디지털 기기가 없이는 간단한 것조차 기억하거나 계산해 내지 못하는 상태를 말한다. 출처: 이현 기자, 일간스포츠, 2008-06-10

정보화 사회의 긍정적인 측면	정보화 사회의 부정적인 측면

다음을 읽고 물음에 답하십시오.

(가) 신속한 정보처리와 전달로 대량의 정보가 끊임없이 생산·축적·전파되는 사회를 정보사회라고 한다. 정보화 사회는 컴퓨터 및 다양한 통신매체 기술의 비약적 발전을 배경으로 하며, 이미 60년대 초 W. 로스토, D. 벨 등의 사회경제학자들이 정보화 사회의 도래를 예견한 바 있다. 이미 한국도 점차 정보화 사회의 단계로 접어들어 각 분야에서의 정착이 본격화되고 있다고 하지 않을 수 없다.

(나) 정보화 사회는 물질이나 에너지의 변형·처리가 주요 산업이었던 공업화 사회 이후에 나타났다 하여 탈공업화 사회(post-industrial society)라고도 한다. 즉 물질을 재가공하는 산업을 대신하여 정보의 조작으로 부가가치를 생산하는 산업이 GNP의 비율이나 산업 종사자 수 등의 측면에서 보다 큰 비중을 차지한다는 의미이다. 미국에서는 70년대 후반에 탈공업화 사회를 정보화 사회로 재정의하였다. 또 일상생활에서 정보에 대한 요구가 높아지고 정보매체를 접하는 시간이 많아짐으로 말미암아 의사 결정을 하거나 적절한 행동을 취하는 데 정보에 대한 의존도가 점차 심화되는 등의 현상이 일반화되고 있는 것도 정보화 사회의 큰 특징이다.

(다) 최근 정보화 사회의 단계로 접어들면서 1980년대 A. 토플러가 《제3의 물결》에서 제안했던 '전자 사무실', '전자 주택' 등이 현실화되었을 뿐만 아니라 위성통신이나 광통신 등 전송기기 및 전화기, 팩시밀리 등의 통신 기기가 더욱 발전하면서 세계는 바야흐로 하나의 정보권으로 묶일 수 있을 듯하다.

(라) 최근 전자 사무실을 만들어낸 OA(office automation; 사무자동화) 기기들을 살펴보면, 우선 컴퓨터가 중심이 되어 워드프로세서(word-processor)로 문서의 작성·편집·보관·인쇄를 자동화하게 된 것을 꼽을 수 있다. 또 재생 능력이 뛰어나 최근 위조지폐·수표 등 사회문제를 일으키고 있는 복사기는 가장 대중화된 정보전달기기이다. 빛을 이용한 저장의 기술의 혁명이라 평가되는 광디스크(光 Disk) 중 CD-ROM(Compact Disk-Read Only Memory)은 소형의 광디스크에 디지털방식으로 정보를 기록하여 워드프로세서나 컴퓨터 등에 접속해 많은 양의 정보를 활용할 수 있게 해 준다. 이 밖에도 그래픽 데이터를 읽어 내는 스캐너, 미세한 선까지 선명히 인쇄해 주는 플로터 등이 있다.

(마) 가정에서는 전화·비디오를 통해 각종 정보서비스를 주고받는 비디오·오디오텍스, 집에서 쇼핑이 가능한 텔레쇼핑(teleshopping), 은행 업무가 가능한 텔레뱅킹(tele-banking) 등이 대중화되었다. 또한 가정 자동화 시스템이 개발되어 보안을 위한 전자자물쇠·가전기기 및 전등을 자동으로 끄고 켤 수 있는 자동화의 실현이 가능해진 단계에 있다. 이 중에서도 전화는 일상생활에서 가장 친숙하며, 계속적인 기술 개발로 새로운 기능을 지닌 모델들이 쏟아져 나오고 있다. 특히 음성정보서비스인 오디오텍스는 원하는 정보의 번호만 누르면 전화로 날씨·증권·문화행사·시장정보 등을 알 수 있어 그 유용성을 실감할 수 있다.

출처: 〈한메디지탈세계대백과 밀레니엄〉, 한메소프트, 1999

1. 아래 단락별 내용 가운데 윗글과 맞지 않는 내용을 고르십시오.

① (나)는 정보화 시대의 특성을 탈공업화로 설명하고 있다.
② (다)는 미래에 이루어질 정보화 사회에 대해 설명하고 있다.
③ (라)는 사무환경에서의 정보화를 설명하고 있다.
④ (마)는 가정에서의 정보화를 설명하고 있다.

2. 정보화 사회에 대한 내용 가운데 맞는 내용을 고르십시오.

① 정보화 사회는 공업화 사회 이후에 나타났다고 해서 탈공업화 사회로도 불린다.
② 정보화 기기 가운데 복사기는 위조지폐를 재생하는 능력이 뛰어나 대중화되었다.
③ 정보화 기기는 디지털화된 정보만을 처리하는 수준에 머물러 있다.
④ 가정에서는 가정 자동화 시스템이 실제로 쓰이고 있다.

3. 글의 각 단락의 요지를 쓰십시오.

(가) 단락	
(나) 단락	
(다) 단락	
(라) 단락	
(마) 단락	

어휘

1. 다음 〈보기〉의 단어들을 글의 맥락에 맞게 찾아 넣으십시오.

통신매체	보안	부가가치	재가공	접속

(1) 금번 구축된 네트워킹 ________________ 시스템은 안전한 정보 관리를 필요로 하는 연구소 및 산업 시설에 적합한 시스템이다.

(2) 가정이나 회사, 외국에서도 인터넷 ________________만으로 편리하게 각종 증명서를 발급받을 수 있게 돼 사회적 비용이 크게 줄어들 전망이다.

(3) 사회가 점차 디지털화되면서 정보를 기억하는 것보다 검색하여 재빠르게 ____________ 하는 능력이 중요해지고 있다.

(4) 현대에는 전화, 팩스, 이메일, 화상전화 등 여러 가지 ________________을/를 이용해 커뮤니케이션이 이루어진다.

(5) 정부는 ________________이/가 높은 업종을 집중적으로 육성해 서비스산업의 경쟁력을 높이겠다고 밝혔다.

2. 다음 의미를 뜻하는 단어를 〈보기〉에서 찾아 쓰고, 그 단어를 사용하여 문장을 만들어 보십시오.

도래하다	비약적이다	실감하다	심화되다	활용하다

(1) 갑자기 빠른 속도로 발전하거나 향상되다 (　　　　　　)

(2) 어떤 시기나 기회가 오다 (　　　　　　)

(3) 실제로 느끼다 (　　　　　　)

(4) 충분히 잘 이용하다 (　　　　　　)

(5) 일의 정도가 깊어지다 (　　　　　　)

(1) 한국, 1980년대, 비약적, 발전하다, 데, 고속도로, 역할, 크다

____

____.

(2) 오 박사, 향후 10~20년 안, 로봇, 시대, 도래하다, 것, 주장하다

(3) 시민들, 환호성, 환영, 이 선수, 올림픽스타, 자신, 인기, 실감하다

(4) 빈집, 잘, 활용하다, 만 세대 이상, 무주택 서민들, 주택 걱정, 덜다

(5) 정보화, 진전, 직업의 생성과 소멸, 빠르게, 이루어지다, 취업 경쟁, 심화되다

3. 아래 어휘들에서 반복되고 있는 말에 ○표를 하고 그 말이 어떤 의미를 가지는지 이야기 해 보십시오.

(1) 정보화 본격화 현대화 대중화 일반화 자동화

(2) 탈공업화 탈출 탈경계 탈글로벌 탈의실

문 법

1. (으)로 말미암아

후행절의 사건이나 행동의 원인을 밝히기 위한 것으로 명사나 '-(으) ㅁ'에 의한 명사형과 결합한다.

예 정보매체를 접하는 시간이 많아짐으로 말미암아 의사 결정을 하거나 적절한 행동을 취하는 데 정보에 대한 의존도가 점차 심화된다.

연습 다음 〈보기〉에서 알맞은 말을 찾고 '(으)로 말미암아'를 사용하여 문장을 완성하십시오.

출현	체제붕괴	관리소홀	경기침체

(1) 그 사람의 ______________________ 우리 집은 금세 엉망이 되어 버렸다.

(2) 잇따른 ______________________ 한국의 대외 무역 적자가 심화되었다.

(3) 한쪽의 갑작스러운 ______________________ 예상보다 양국 통일이 앞당겨질 수도 있다.

(4) 헌혈을 통해 얻은 혈액이 당국의 ______________________ 매달 9,000여 건 이상 폐기되는 것으로 나타났다.

2. -(으)ㄹ 듯하다

앞말이 뜻하는 사건이나 상태 따위를 짐작하거나 추측할 때 사용한다.

예 통신 단말기기가 더욱 발전하면서 세계는 바야흐로 하나의 정보권으로 묶일 수 있을 듯하다.

연습 다음 〈보기〉에서 알맞은 말을 찾고 '-(으)ㄹ 듯하다'를 사용하여 문장을 완성하십시오.

맡다	오다	없다	좁다	어렵다

(1) 그 일은 수미가 ______________________.

(2) 지금 집에 아무도 ________________.

(3) 세 명이 쓰기에는 방이 좀 ________________.

(4) 내일 모임에 사람들이 많이 ________________.

(5) 아이들이 읽기에는 좀 ________________ 쉬운 책으로 바꿔 왔어.

보충 및 심화

'-(으)ㄹ 듯하다'는 큰 의미 차이 없이 '-(으)ㄹ 것 같다'로 바꾸어 쓸 수 있다.

예 통신 단말기기가 더욱 발전하면서 세계는 바야흐로 하나의 정보권으로 묶일 수 있을 듯하다.
통신 단말기기가 더욱 발전하면서 세계는 바야흐로 하나의 정보권으로 묶일 수 있을 것 같다.

3. 이중 부정법

한 문장 안에 부정 표현이 두 번 이상 나타나는 경우 그 문장이 나타내는 의미는 강한 긍정이 된다.

예 이미 한국도 점차 정보화 사회의 단계로 접어들어 각 분야에서의 그 정착이 본격화되고 있다고 하지 않을 수 없다.

'못' 부정은 이중 부정이 불가능하다.

예 영이가 학교에 못 가지 못했다. (×)
영이가 학교에 못 가지 않았다. (×)
영이가 학교에 안 가지 못했다. (×)
영이가 학교에 안 가지 않았다. (○)

연습 다음 〈보기〉에서 알맞은 말을 찾고 이중 부정법을 사용하여 문장을 완성하십시오.

가다	포기하다	최선을 다하다	들다	열다

(1) 생존을 위해서 자존심을 ________________.

(2) 나라와 국가를 위해 총을 ________________.

(3) 저번에는 내가 갔으니 이번에는 네가 ____________.

(4) 영희는 몸이 안 좋았음에도 불구하고 팀의 우승을 위해 ____________.

(5) 지하철에서 볼펜을 파는데, 무려 20자루에 단돈 1,000원. 혹해서 지갑을 ____________.

문형학습

【문형 15】 ①이 ②를 ③과 용언
【문형 16】 ①이 ②를 ③을 용언

예 1

(1) 정보화 산업의 발달로 말미암아, 먼 거리에 있는 사람과 깨끗한 화상 대화를 할 수 있다.

(2-1) 철수는 매일 걸음을 10리를 걷는 규칙적인 운동으로 말미암아 거의 건강을 회복을 한 듯하다.

(2-2) 김 씨는 아들을 장가를 보내기로 했다.
그 부부는 시아버지를 장가를 보내드리기로 했다.
철수는 친구들을 싸움을 붙였다.

예 2

(1) 아래의 지문에서 위에 제시한 문형을 찾아보십시오.

앨빈 토플러는 1982년 〈제3의 물결〉에서 인류 최초의 혁명이자 제1의 물결은 농기구를 발명한 농업 혁명이고 제2의 물결은 증기 기관에 의한 산업 혁명이며, 제3의 물결은 컴퓨터에 의한 정보화 혁명이 될 것이라 예견했다.

1990년대 이후 컴퓨터의 발전이나 이로 인한 혁명은 가히 혁신적이다. 비싼 가격으로 인해 사용자가 아주 한정되던 초기와는 달리, 컴퓨터와 거리를 두고 생활할 수 있는 사람은 거의 없다. 전문적인 영역에서 자료를 저장하거나 검색하고, 선도적인 분야에서 개혁을 주도하던 역할에서 벗어나, 거의 모든 일상 생활을 컴퓨터와 지내고 있는 것이다. 홈쇼핑과 홈뱅킹 시스템의 도입으로 쇼핑 장소에 대한 한계가 없어졌으며, 은행 등 금융에 관련된 개인 일상사를 컴퓨터를 이용하여 모두 시간과 장소에 구애받지 않고 처리할 수 있는 사회가 된 것이다.

이러한 변화의 물결은 컴퓨터의 발달로 말미암아 시작되었는데, 이제는 그것의 역할에 대해 새로이 고민해야 할 시기가 된 듯하다. 환자를 원격으로 진료하고, 노동자는 집에서 근무를 하게 되고, 더 나아가 가상 공간, 가상 학교, 가상 사회, 가상 국가 등이 시간과 공간과 관련된 실존과 존재의 개념을 바꾸면서 새로운 형태의 가상 사회가 현실 세계와 공존할 것으로 예상되는 것이다. 그에 비례하여 컴퓨터에 대한 의존도가 커지면서 일상 생활이나 사고까지 컴퓨터의 운영 방식이나 역할에 종속되는 듯한

상황에 처한 것이다.

(2) 다음의 단어로 위의 문형을 만들어 보십시오.

① 잇다　② 뛰다　③ 내려오다　④ 이용하다　⑤ 사용하다

말하고 쓰기

※ 다음 글을 읽고 정보화 사회의 긍정적 측면과 부정적 측면을 요약하십시오. 정보화 사회의 장점을 긍정적으로 활용할 수 있는 방안에 대해서 이야기해 봅시다. 그리고 이를 간단하게 정리해 글로 써 보십시오.

1. 정보화 사회의 긍정적 측면과 부정적 측면을 이야기해 봅시다.

긍정적 측면	
부정적 측면	

2. 정보화 사회의 장점을 긍정적으로 활용할 수 있는 방안에 대해서 이야기해 봅시다. 그리고 이를 간단하게 정리해 글로 써 보십시오.

제목: ______________________

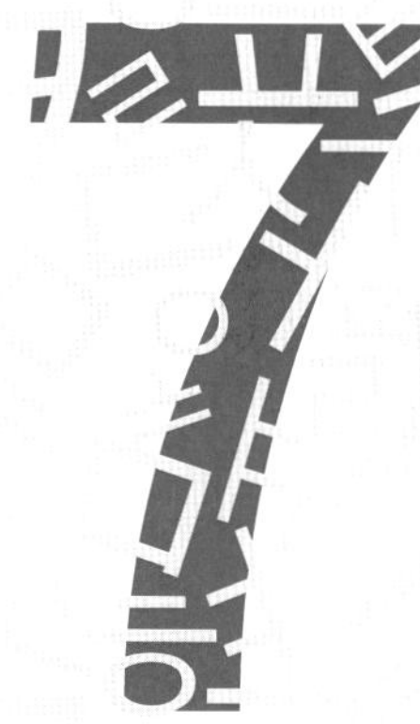

7 한국의 현대음악

학습목표

1. '한국의 현대음악'과 관련된 글을 읽고 내용을 파악하게 한다.
2. 자신의 나라의 고유한 음악에 대해 소개하는 글을 쓴다.
3. '한국의 현대음악' 관련 어휘, 간접 화법을 나타내는 표현의 의미를 이해하고 사용한다.

이야기하기

1. 다음은 무슨 사진입니까? 다음 사진을 보고 어떤 공연인지 서로 이야기해 보세요.

2. 여러분은 유명한 작곡가 중에서 좋아하는 사람이 있습니까? 그 작곡가 이름이 무엇이고 어떤 작품을 만들었습니까? 그리고 유명한 이유는 무엇입니까? 그 작곡가에 대해 간단히 메모하고 소개해 보세요.

작곡가 이름	
대표적인 작품	
유명한 이유	

3. 여러분은 '윤이상'이라는 한국의 작곡가에 대해 들어 본 적이 있습니까? 다음은 작곡가 '윤이상'의 사진과 그에 대한 소개의 글입니다. 같이 읽고 이야기를 나누어 보십시오.

윤이상(1917-1995)

당대 유럽 5대 작곡가 중 한 사람. 150여 편의 교향악과 가극 등의 작품을 발표했다. 1959년 독일에서 열린 다름슈타트음악제 때 〈7개의 악기를 위한 음악〉을 발표, 유럽 음악계의 주목을 받기 시작하였다. 1967년 동베를린 공작단 사건에 연루되어 서울로 강제 소환, 2년간의 옥고를 치르던 중 세계 음악계의 구명운동에 힘입어 풀려났으며 그 후 1971년 독일로 귀화했다. 그의 작품들은 동아시아의 정서와 연주 방식 위에 서양 음악의 작곡 기법 결합, 한국 음악의 연주 기법과 서양 악기의 결합으로 유럽인들의 큰 사랑을 받았다.

읽기

다음을 읽고 물음에 답하십시오.

한국전쟁 이후부터 1970년대까지 한국 음악사를 한마디로 표현한다면, 서구 중심적인 코즈모폴리터니즘(cosmopolitanism)의 추구였다고 말할 수 있다. 코즈모폴리터니즘이란 개인이 국가와 민족을 초월함으로써 자신을 세계 사회의 일원으로 파악하는 사상으로 세계주의를 뜻한다. 따라서 한국 음악의 가치 기준을 보편성에 두고 세계 음악의 수준과 어깨를 나란히 하는 것에 목표를 두었다. 그래서 서양의 우수한 예술 음악을 한국 사회에 전달한다든지 그와 닮은 음악을 만들어 전달하고 계도한다든지 하는 것이 음악가들의 임무라고 생각하였다.

이 시기 음악가들의 주된 고민은 '어떻게 하면 서양 음악을 좀 더 잘할 수 있을까'라는 문제에 초점이 맞추어졌고, 그 결과 한국의 서양 음악 문화는 경제의 고도성장과 함께 짧은 기간 안에 실로 눈부시게 발전을 하였다. 수많은 음악 대학이 설립되어 서양 음악을 전공하는 인재를 대량으로 배출하였고, 졸업 후 이들은 서양 음악의 본고장으로 유학 가는 것을 상식처럼 생각하였다. 또한 국제 콩쿠르에서 입상한 음악가들도 여럿 있었고 세계적인 수준의 연주가와 작곡가도 여러 명 배출해 냈다. 다시 말해 학교의 음악 교육도 서양 음악 중심이었고, 일반인들이 접하는 음악도 서양 음악 중심이었다. 짧은 시간 안에 서양인들보다 서양 음악을 더 사랑하고 더 잘하는 민족이 된 것이다.

그런데 당시는 냉전 시대였기 때문에 코즈모폴리터니즘이라는 것도 따지고 보면 서방 세계 중심의 반쪽 세계주의였다. 분단국가인 한국은 이에 강한 영향을 받을 수밖에 없었고, 음악 역시 강한 영향을 받았다. 그리고 자유를 추구하면서도 그 자유가 국가 안보와 대치되거나 모순될 경우에는 안보를 우선으로 하는 국가 정책으로 인해 제한된 자유를 누릴 수밖에 없었다. 따라서 소련과 같은 공산권 음악을 비롯하여 동구권, 북한, 월북 작곡가의 음악은 모두 금지가 되었다. 또한 재독작곡가 '윤이상'의 음악도 친북 활동을 한 사람의 작품이라서 제한을 받았고 사회를 비판하거나 정권을 비판하는 음악 역시 제재를 받았다.

또한 이 시기의 음악은 탈정치적 심미성을 추구하였다. 그런데 따지고 보면 탈정치라기보다는 탈정치라는 이름 아래 정치와 체제에 순응한 것이었고 심미성이라기보다는 심미성이라는 이름 아래 음악가 중심의 음악 활동을 펼쳐 나간 것이었다. 따라서 잃은 것이 있다면 음악의 사회성이고, 얻은 것이 있다면 음악의 고도성장이라고 말할 수 있다.

서구 중심적 사고는 한국적인 것에 대한 관심을 간과해 버리게 하였고, 분단국가라는 현실은 검열과 금지라는 기형적인 통제된 문화를 낳게 하였으며 서양 음악 문화의 고도성장과 비례하여 음악적 소외 계층이 양산되었다. 그리고 '어떻게 하면 서양 음악을 좀 더 잘할 수 있을까?'라는 성장 제일주의의 사고는 차츰 동시대 사람들에게 반성을 불러 일으켰다. 이 모든 것이 음악계의 과제로 대두되었고, 이 시기에 제기된 문제점의 해결이라는 과제를 안고 다음 시대를 맞이하게 되었다.

1980년대 이후 한국 음악계는 '서양 음악을 더 잘할 수 있는 방법은 무엇인가'라는 전시대의 성장 일변도의 측면을 견지하면서, 동시에 '음악은 과연 누구를 위한 것이고, 장차 누구를 위해 할 것인가'라는 문제로 고민했다. 이는 80년의 광주민주화운동, 88 서울 올림픽, 남북 화해 분위기 조성으로 이어지는 시대적인 흐름과 무관하지 않았다.

이 시기에는 음악을 학문적 차원에서 연구하는 음악학이 새로운 학문으로 등장하였고, 창작 음악을 작곡하는 경향도 두드러졌다. 또한 동구권의 음악, 소련 음악이 금기를 깨고 연주되기 시작했으며 월북 작곡가의 음악이 해금되는 등 탈냉전, 탈권위주의의 시대로 접어들었다. 연주계도 세계를 무대로 활동하는 음악가들이 대거 등장해 세계 속에서 한국 음악계의 위상을 높였고, 새로운 음악 전문 교육기관이 개교하여 외국 유학을 가지 않고 국내 교육만으로도 우수한 음악 인재를 육성, 배출할 수 있게 되었다. 또한 대중음악과 고전음악, 국악과 양악 등이 결합된 퓨전 음악이 등장하여 장르 간의 경계를 무너뜨리는 시도가 이루어지기도 했다. 이와 같은 시도는 다양화된 시대에 부응하는 다양성의 추구라는 긍정적인 기능으로 작용하면서 오늘날의 한국 음악계를 만들어 왔다.

출처: 민경찬(2006), 〈청소년을 위한 한국음악사(양악편)〉, 두리미디어

1. 1970년대까지의 한국 음악 특징으로 알맞은 것은 무엇입니까?

① 북한이나 동구권의 음악이 관심을 얻어 연주되기 시작했다.
② 한국 음악계는 한국적인 서양 음악 문화가 생겨나서 발전했다.
③ 한국에서 한국 전통 음악보다는 서양 음악 문화가 급격하게 발전하였다.
④ 음악 대학 졸업 후에 경제적인 이유로 학업을 지속하지 못하는 학생이 많았다.

2. 다음 중 맞는 것에 ○, 틀린 것에 × 하십시오.

① 한국에서 서양 음악이 발전하면서 음악에서 소외되는 계층이 생겨났다. (　　)
② 1980년대 이후에 장르를 넘나드는 음악이 등장했다. (　　)
③ 음악학이 새로운 학문으로 자리 매김한 것은 1970년대 중반부터이다. (　　)
④ 1980년대에는 음악 전문 기관이 새롭게 생겨 유학을 가지 않아도 우수한 교육을 받을 수 있게 되었다. (　　)
⑤ 성장 제일주의적인 발상은 1960년 이후 쇠퇴하기 시작했다. (　　)

3. 이 글의 제목으로 적합한 것은 무엇입니까?

① 한국 음악과 서양 음악
② 장르를 초월한 한국 음악
③ 다양성을 추구하는 한국 음악
④ 한국전쟁 이후 한국 음악의 흐름

어 휘

1. 다음에서 알맞은 것을 골라 문장을 완성하십시오.

계도하다	순응하다	간과하다	대두되다	양산되다

(1) 컴퓨터 통신 문화의 발달로 어법에 맞지 않는 신조어나 유행어가 무더기로 ________________ 문제가 되고 있다.

(2) 그 소설의 주인공 옥화는 자신에게 주어진 운명에 ____________ 살아가는 인물이다.

(3) 문제아가 되는 원인에는 애정결핍보다는 과잉보호로 인한 문제가 많다는 점을 ________________ 안 된다.

(4) 선거철을 맞아 지역 간의 분열이 큰 문제로 ____________ 있다.

(5) 예절 교육 강화는 학생들이 예절 바른 언행을 실천하도록 ____________ 데 일조할 것이라고 본다.

2. 다음에서 알맞은 것을 골라 문장을 완성하십시오.

금기를 깨다	자유를 누리다	위상을 높이다	인재를 배출하다	경계를 무너뜨리다

(1) 그 대학교는 1886년 개교 이래로 수많은 ____________ 왔다.

(2) 누구나 표현의 ____________ 수 있는 권리를 법적으로 보장받고 있다.

(3) 북한이 이번 올림픽에 응원단을 대거 보낸 것은 그동안의 ____________ 획기적인 사건으로 받아들여지고 있다.

(4) 우리 학교의 학생 대표가 이번 행사에서 멋지게 연설한 것은 학교의 ________________ 일로 기억될 것이다.

(5) 다윈은 여러 증거를 통해 인간이 동물로 진화했다는 것을 주장하면서 인간과 동물의 ________________.

3. 다음 의미에 맞는 단어를 찾아 쓰십시오.

초연	선율	국악	입상	음반

(1) 연극이나 연주의 첫 번째 공연 (　　　　　　　)

(2) 서양 음악에 상대하여 우리의 전통 음악을 이르는 말 (　　　　　　　)

(3) 소리의 높낮이가 길이나 리듬과 어울려 나타나는 음의 흐름 (　　　　　　　)

(4) 전축에 걸어 소리를 들을 수 있게 만든 동그란 판, 가수의 앨범 (　　　　　　　)

(5) 상을 탈 수 있는 등수에 듦 (　　　　　　　)

4. 다음에서 알맞은 것을 찾아 문장을 완성하십시오.

대거	차츰	동시에	나란히	눈부시게

(1) 한국의 경제는 50년 전에 비해 ______________ 발전하였다.

(2) 해가 지자 날이 ______________ 어두워졌다.

(3) 어제 있었던 야구 경기에서 우리 팀이 9회에 ______________ 6점을 추가해 완승하였다.

(4) 전국피아노콩쿠르에서 우리 학교의 학생 2명이 ______________ 1위와 2위에 입상하였다.

(5) 그 영화배우는 결혼과 ______________ 영화계를 은퇴해 팬들이 아쉬워했다.

문 법

1. -다든지 -다든지

여러 가지 사실 중에서 어느 것을 선택하거나 그 어느 것을 선택해도 상관이 없음을 나타낸다.

예 배가 고프다든지 부르다든지 말을 해야 알지.

연습 다음에서 알맞은 말을 찾아 문장을 완성하십시오.

술을 마시다/담배를 피우다	보면대를 치다/박수를 치다
체중이 줄다/소화가 안 되다	인상을 찡그리다/고개를 돌리다
공원으로 조성하다/주택지로 활용하다	

(1) 수술 후에는 건강에 더 각별히 신경을 써야 한다. ________________ 하면 절대로 안 된다.

(2) 그 사람이 아무리 노래를 잘 못해도 노래하고 있는 중에 ________________ 했다면 기분 나빠진 게 당연하다.

(3) 갑자기 ________________ 하면 병원에 가서 진찰을 받아 보는 게 좋다.

(4) 지휘자가 오케스트라를 연습시킬 때 지휘봉으로 ________________ 해서 틀린 박자를 교정해 준다.

(5) 새로 취임한 시장은 쓸모없는 땅을 ________________ 하는 일을 해서 좋은 평가를 받고 있다.

보충 및 심화

'-다든지 -다든지'는 '-다든가 -다든가'로 바꾸어 써도 큰 의미 차이가 없다.

예 배가 고프다든지 부르다든지 말을 해야 알지.
배가 고프다든가 부르다든가 말을 해야 알지.

2. -아/어 내다

동사와 함께 쓰여 어떤 일이 끝내 이루어짐을 나타내거나 어떤 과정을 거쳐 이룬 결과임을 나타낸다.

예 최박사님은 평생 암의 원인을 밝혀 내기 위해 몸바치셨다.

연습 다음에서 알맞은 말을 찾아 문장을 완성하십시오.

승리를 일구다	보험금을 받다	그대로 재현하다
위기를 극복하다	훌륭하게 소화하다	

(1) 무승부로 막상막하의 경기를 펼치다 종료 직전 골을 성공시켜 ______________.

(2) 그 가수는 어려운 가곡을 마치 자신의 노래처럼 ______________ 뜨거운 박수를 받았다.

(3) 각고의 노력 끝에 이전의 탑의 형태를 ______________.

(4) 수년 동안의 재판 결과, 보험사로부터 사고에 대한 ______________.

(5) 직원들이 똘똘 뭉쳐 회사를 살리겠다는 일념으로 일한 결과, 회사 문을 닫을 뻔했던 ______________.

3. 간접 인용

간접 인용은 남의 말이나 글 또는 말하는 사람의 생각이나 판단 등을 옮기되, 말하는 사람의 관점에서 옮기는 것을 말한다. 평서문, 의문문, 명령문, 청유문을 간접 인용할 때는 '-았다고/다고/(으)ㄹ 거라고 하다', '-(으)냐고 하다', '-(으)라고 하다','-자고 하다'를 사용한다.

① 감탄문은 어떻게 간접 인용으로 바꿀까? 감탄문도 평서문과 같이 시제에 따라서 '-았다고/다고/(으)ㄹ 거라고 하다'를 사용해서 바꾼다.

예 수진: 이 책이 생각보다 비싸네요.
→ 수진은 이 책이 생각보다 비싸다고 했다.
미영: 할머니가 많이 늙으셨구나.
→ 미영은 할머니가 많이 늙으셨다고 했다.

문 법

② 간접 인용문의 서술어는 직접 인용문의 서술어로 쓰이지 않는 '듣다', '알다' 등의 동사가 쓰일 수 있다.

예 나는 돌아가신 할머니로부터 한국전쟁 때 고생한 이야기를 들었다.
나는 그 친구가 어려운 사람들을 계속 도울 것이라고 알고 있었다.

연습 다음 문장을 간접 인용문으로 바꿔 보십시오.

(1) 동 생: 오늘이 벌써 금요일이구나.

⇒ ______________________________.

(2) 사 라: 한국어 말하기 시험이 오래 걸렸구나.

⇒ ______________________________.

(3) 왕 정: 요코 씨가 한국어를 잘하네요.

⇒ ______________________________.

(4) 흐 엉: 이 게임, 정말 재미있군.

⇒ ______________________________.

(5) 미 호: 지난 주말에 이 일을 끝내야 했었네.

⇒ ______________________________.

문형학습

【문형 17】 ①이 ②용언 +【문형 17】 ①이 ②용언
【문형 18】 ①이 문라고 용언 +【문형 19】 ①이 ②에게 문라고 용언

예 1
(1) 의식이 발전해야 경제가 발전할 수 있고, 경제가 발전해야 예술이 발전할 수 있다.
(2) 철수는 한국 현대음악이 가장 전통적이라고 말했지만, 창호는 철수에게 그것은 잘못된 표현이라고 말했다.

예 2
(1) 아래의 지문에서 위에 제시한 문형을 찾아보십시오.

박자는 소리가 길고 짧은 것이고, 가락은 소리가 높고 낮은 것이고, 악기나 음성은

그것을 나타내는 것이다. 음악이란 박자라든지 가락이라든지 악기라든지 따위를 갖가지 형식으로 결합하여 하나의 화음으로 만들어 내어 인간의 사상이나 감정을 표현해 내는 예술이다.

서구에서의 현대음악은 재즈나 유행가 등의 대중음악을 포함한다라고 말하기는 하지만, 보통의 경우 예술 음악에 한정하는 편이다. 현대음악은 근대음악, 전위음악, 신음악, 20세기 음악 등의 호칭과 통용되어 사용되기도 하는데, 일반적으로 근대음악은 19세기에서 20세기에 걸친 음악, 신음악은 제1차 세계대전 후의 음악, 전위음악은 제2차 세계대전 후의 음악이란 뜻으로 사용된다. 가장 넓은 의미로서의 현대음악은 20세기 음악을 지칭한다. 다수의 사람들에게 20세기 음악의 가장 큰 특질은 다양한 리듬과 양식이 병존하는 것이라고 받아들여진다.

한국 현대음악의 특징 중 하나는 한국의 전통음악이 서양 음악과 합쳐지는 경향이 뚜렷하다는 점이다. 사물놀이와 재즈가 복합되고 전통적인 춤 사위가 서양의 발레와 합쳐지는 경향도 생긴다. 서양음악과 한국의 전통음악이 합쳐지는 이러한 경향이 어떤 사람들에게는 음악이 타락했다라고 인식될 수도 있지만, 다른 한편으로는 음악이 소리라는 공통성과 인식의 보편성 속에 도구와 방법의 통합이 이루어지는 것이라고 볼 수 있는 것이다.

(2) 다음의 단어로 위의 문형을 만들어 보십시오.

① 명령하다 ② 상소하다 ③ 고소하다 ④ 슬프다 ⑤ 예쁘다

말하고 쓰기

여러분 나라의 고유한 음악에는 어떤 것이 있습니까? 여러분 나라의 음악 중 하나를 선정해 소개하는 글을 써 보십시오.

제목:

8 안티 문화

학습목표

1. '안티 문화'를 통해 한국의 문화와 정신에 대한 내용을 파악하게 한다.
2. '안티 문화'에 대한 사례를 들어 글로 쓴다.
3. '안티 문화' 관련 어휘, 가정 표현, 비유 표현의 의미를 이해하고 사용한다.

이야기하기

1. 다음 사진들은 무엇을 반대하는 사진일까요? 서로 이야기해 봅시다.

유승준 안티 사이트

조선일보 안티 운동

2. 여러분은 어떤 사건이나 인물, 단체에 대항·반대하는 안티 운동에 대해 어떻게 생각합니까? 이러한 움직임이 주는 긍정적인 영향과 부정적인 영향에는 어떤 것이 있을까요? 정리한 후 이야기해 보세요.

긍정적인 영향	부정적인 영향

읽 기

다음을 읽고 물음에 답하십시오.

안티(anti)도 기본 정신이 있다

안티(anti)는 '반(反), 항(抗), 역(逆)' 즉 반대, 배척, 대항을 의미하는 영어의 접두사이다. 그러면 안티는 무엇에 반대, 대항한다는 것일까? 그리고 안티는 왜 생겨나는 것일까? 일부 커뮤니케이션 전문가들은 우선 사회적 의사소통 통로나 수단이 막혀 있기 때문이라고 지적한다. 이러한 상태에서 약자나 소수자들은 더욱 의사소통 수단이 없다. 이때 사회적 약자들의 최소 의사표현이 '나는 반대한다'라는 안티 선언인 셈이다.

안티 문화의 폭발은 아무래도 사이버 공간의 팽창 때문이다. 기존의 신문과 방송에서 할 수 있는 반대와 비판은 한계가 있을 수밖에 없었다. 또한 일반 개인들의 인물이나 사안에 대한 비판은 술자리 같은 사적인 공간에서만 이루어질 수 있었다. 집회와 시위는 물리적인 공간의 틀을 벗어나기가 힘들었다. 이러한 한계점들을 디지털 공간이 채워 준 셈이다. 디지털 공간의 '안티 문화'의 핵심에는 안티 사이트가 있고, 디지털 공간의 익명성과 표현의 자유가 결합되어 있다. 안티 사이트가 사회적으로 이슈가 된 것은 2000년부터지만, 1~2년 사이에 하나의 (가) 일상 문화 현상으로 자리 잡았다. 일반인부터 정치인, 스타, 기업, 정당, 정부 기관, 정책 그리고 특정한 이슈에 대한 안티 사이트 등 영역과 분야, 대상을 가리지 않고 포털 사이트를 중심으로 1~2만 개의 안티 사이트들이 운영되고 있고 몇 십만 명의 회원들이 활동하고 있는 것으로 추정된다.

이런 안티 문화는 분명 긍정적인 면도 있다. 안티 사이트, 안티 댓글을 통해 이전에는 상상할 수 없었던 비판이나 문제제기들이 가능하다. 정치, 사회, 경제, 문화 분야의 많은 문제점을 드러내기도 한다. 그리고 여론 형성과 사회적 압력을 통해 권력을 감시하기도 한다. 일종의 소통과 참여라는 민주주의적 성격을 보인다.

부정적인 측면도 분명 있다. 우선, 안티 사이트와 모임의 상당수가 명확한 사실에 근거한 비판적 대안 제시가 부족하다. 반대를 위한 반대가 많다. 재미와 심심타파를 위한 안티도 많다. 오래 전부터 지적되었듯이, 도를 넘어선 인신공격과 사생활 침해, 감정 대립 등이 그것이다. 안티 사이트에 자신의 의견을 무차별적으로 쏟아 낸다.

그러면 안티를 움직이는 심리는 무엇일까? 세 가지 정도로 정리될 수 있다. 하나는 '재수 없다, 기분 나쁘다'는 감정이다. 둘째는 '나와 다르다'는 이질감이다. 셋째는 문제의식에 따른 개선 욕구를 지니는 것이다. 일종의 사회적 문제의식에 따른 정의감이다. 이 경우에는 건설적인 대안을 제시하려는 마음이 작용한다. 그러나 안티 문화의 본질은 흔히 첫 번째나 두 번째의 경우가 많다. 강자, 권력이나 기존 질서에 대한 대항이나 저항의 심리가 안티에 담겨 있다. 무조건 반대하고 욕한다고 안티 문화는 아니다. 약자를 대상으로 하는 안티는 폭력이다. 예를 들어 연예인을 무차별 공격하는 것은 문화 권력자를 공격하는 것 같지만 사실은 약자를 괴롭히는 것과 같을 수 있다.

안티라면 인터넷 활동만을 생각하는 경향이 있는데 사회 문화 현장에서도 그 사례를 살펴볼 수 있다. 90년대 초반 '서태지 신드롬'은 '안티 문화', '안티 음악'의 성공을 뜻했다. 그의 음악은 기성 사회의 문화, 삶의 방식, 제도 등 시대의 전반적인 모순에 대한 음악적 안티였다. 주류 질서에 대한 안티, 저항, 반항이었던 셈이다. '안티 미스코리아'는 사회문화에 대한 안티였다. 미스코리아 선발대회로 대변되는 외모지상주의, 여성의 성 상품화를 부추기는 사회질서에 대한 도전장이었다.

이러한 안티 운동은 대단한 힘을 발휘하는 것 같지만 몇몇을 제외하면 아직 힘겹다. 지나치게 부정적인 안티는 비판을 해야 하지만, 의미 있는 안티는 응원과 호응이 필요하다. 안티 문화는 상대방이 스스로 잘못된 점을 인정하고 공감하도록 이끌어 대안으로 합류하도록 하는 것이다. 그러나 안티 문화는 아직 그런 단계에 이르지 못하고 있다. 분명 안티 문화에 문제가 없는 것은 아니다. 그렇다고 부정적인 면 때문에 전부를 폄하할 수는 없다. 공론화가 끊임없이 필요하다.

출처: 김헌식(2007), 〈대중문화 심리 읽기〉, 울력

1. 밑줄 친 (가)의 의미는 무엇입니까?

① 일상 문화 현상으로 보기 힘들다.
② 일상 문화 현상이 새롭게 바뀌었다.
③ 일상 문화 현상에 적합하게 되었다.
④ 일상 문화 현상으로 차지하게 되었다.

2. 커뮤니케이션 학자들은 왜 안티(anti)가 생긴다고 했습니까?

① 서로에 대한 감정 대립이 심해져서
② 권력을 감시하려는 의도가 지나쳐서
③ 서로 생각을 교환하는 통로가 막혀서
④ 약자를 괴롭히고자 하는 심리 때문에

3. 글쓴이가 말하려는 것은 무엇입니까?

① 안티는 상대를 무차별로 공격하므로 용납되어서는 안 된다.
② 공론화가 된 안티이라면 규제보다는 응원과 호응이 필요하다.
③ 안티 댓글은 상대에 상처를 주지 않는다면 허용하는 게 좋다.
④ 재미와 심심타파를 위한 안티가 대부분이므로 불허해야 한다.

어 휘

1. 다음에서 알맞은 것을 골라 문장을 완성하십시오.

배척	시위	댓글	진창	정당

(1) 고려 시대에는 불교를 높이 여겨 숭배하였으나, 조선 시대에는 반대로 불교를 멀리하고 ________________ 하였다.

(2) ________________은/는 덧붙여 쓴 답글이라는 뜻인데, 요즘에는 인터넷 실린 글에 자신의 생각이나 의견을 짧게 적어 놓는 것을 말한다.

(3) 폭우로 길이 ________________이/가 되어 발목까지 빠지는 바람에 걷기 힘들었다.

(4) 정부의 발표 이후 국회 앞은 연일 학생과 노동자들의 ________________(으)로 몸살을 앓고 있다.

(5) 정치적으로 의견을 같이 하는 젊은 정치인들끼리 새로운 ________________을/를 결성하기로 했다는 보도가 있었다.

2. 다음에서 알맞은 의미를 찾아 연결하고 알맞은 곳을 찾아 문장을 완성하십시오.

ㄱ. 공론화 ●	● ① 사회 대중들의 공통된 의견이 되도록 함
ㄴ. 이질감 ●	● ② 어떤 행위를 한 사람이 누구인지 드러나지 않는 성질
ㄷ. 도전장 ●	● ③ 남의 신상에 관한 일을 들어 비난함
ㄹ. 익명성 ●	● ④ 서로 다르다고 느끼는 감정
ㅁ. 인신공격 ●	● ⑤ 상대에게 정면으로 맞서 싸우자고 하는 뜻을 적어 보내는 글

(1) 선거가 막바지에 도달하니까 후보들을 서로 상대 후보의 신상에 대한 ________________을/를 퍼붓기 시작했다.

(2) 사이버 공간은 자신의 신분을 숨기고 활동할 수 있는 ________________이/가 보장되기 때문에 의견이 활성화되기도 하지만 무책임한 행동을 한 사람에 대해 제재를 하기 힘든 것도 사실이다.

(3) 이번 공청회는 낙태 허용 문제를 ________________하려는 취지에서 만들어진 모임이다.

(4) 남한과 북한이 통일이 된다고 하더라도 서로에 대한 ________________을/를 극복하는 데 많은 시간과 비용이 들 것은 자명한 일이다.

(5) 작은 중소기업이 쌀 음료수를 개발하면서 음료수 판매 1위 기업에 감히 ________________을/를 내밀었다.

3. 다음 의미에 맞는 단어를 찾아 쓰십시오.

권익	공감대	비판 의식	유언비어	명예훼손

(1) 공공연하게 다른 사람의 사회적 평가를 떨어뜨리는 사실이나 허위 사실을 지적하는 일 (　　　　)

(2) 아무 근거 없이 널리 퍼진 소문 (　　　　)

(3) 남의 감정, 의견, 주장 등에 대해 자기도 그렇다고 느끼는 부분 (　　　　)

(4) 어떤 일에 옳고 그름을 가리어 판단하는 생각 (　　　　)

(5) 권리와 그에 따르는 이익 (　　　　)

4. 다음에서 알맞은 것을 골라 문장을 완성하십시오.

성격을 띠다	꽃을 피우다	도를 넘어서다	문제점을 드러내다

(1) A: 수진 씨는 성격이 좋기는 하지만 상대방을 지나치게 치켜세워서 좀 불편할 때가 있어요. 민정 씨는 안 그래요?

B: 저도 그런 적이 있었어요. ____________________ 칭찬이 오히려 불편하게 만드는 것 같아요.

(2) A: 감독님, 이번 축구 경기가 왜 중요하다고들 하나요?

B: 이번 경기는 두 나라의 실력을 가늠하는 평가전 같은 ____________________ 것이라고 할 수 있습니다. 따라서 실력을 점검할 수 있는 좋은 기회가 되는 거죠.

(3) A: 새 대통령이 취임한 지 벌써 1년이 되었군요. 그런데 인기가 예전만 못한 것 같아요.

B: 네. 그동안 대통령이 정책을 추진함에 있어 많은 ____________________ 바람에 인기가 많이 떨어졌어요.

(4) (사진을 보면서)

A: 이 친구는 대학교 때 저랑 아주 친했던 녀석인데요. 가수가 되고 싶어 했었죠. 그런데 졸업 후에 갑자기 교통사고로 죽어서 저희들도 엄청 놀랐어요.

B: 세상에, 정말요? 젊은 나이에 ____________________ 아깝게 져 버렸네요.

문 법

1. -더라도

부정적이거나 극단적인 상황 혹은 뒤의 내용을 보장하기 어려운 경우를 가정할 때 쓴다. 앞 문장은 단순히 가정한 내용이 오기도 하고 현재 상황을 인정하는 내용이 오기도 한다.

예 아무리 늦더라도 그 사람은 서두르는 법이 없다.

연습 다음에서 알맞은 것을 서로 연결하여 문장을 완성하십시오.

ㄱ. 그 사람은 매사 최선을 다하니까 무슨 일을 하다.	① 제 결혼식에 꼭 참석해 주셨으면 합니다.
ㄴ. 다음 주 토요일에 아무리 바쁘시다.	② 꼭 성공할 것이다.
ㄷ. 우리 엄마는 회사 일로 피곤하다.	③ 다 오리 고기가 들어 있다.
ㄹ. 그 식당은 어떤 음식을 주문하다.	④ 집에 와서 우리들과 꼭 놀아 준다.
ㅁ. 아무리 어려운 일이 있다.	⑤ 그 일을 절대로 포기하지 않겠다.
ㅂ. 연락을 자주 하지 못하다.	⑥ 건강히 잘 있으니 걱정하지 마세요.
ㅅ. 설사 그 사람이 나를 실망시키다.	⑦ 경치를 볼 수 있으니 기차를 타겠다.
ㅇ. 기차가 더 오래 걸리다.	⑧ 끝까지 그 사람을 믿어 보겠다.

(1) 그 사람은 매사 최선을 다하니까 ____________________.

(2) 다음 주 토요일에 아무리 ____________________.

(3) 우리 엄마는 회사 일로 ____________________.

(4) 그 식당은 어떤 음식을 ____________________.

(5) 아무리 어려운 일이 ____________________.

(6) 연락을 자주 ____________________.

(7) 설사 그 사람이 나를 ____________________.

(8) 기차가 더 오래 ____________________.

보충 및 심화

'-더라도' 대신 '-어/아도'를 사용해도 큰 의미 차이는 없지만, '-더라도'가 그 뜻이 더 강하다.

예 아무리 늦더라도 그 사람은 서두르는 법이 없다.
아무리 늦어도 그 사람은 서두르는 법이 없다.

2. -아/어 대다

어떤 행동을 계속하여 그 정도가 심하거나 지나치게 반복적임을 나타낸다. 주로 부정적인 뜻을 나타낸다.

예 아이가 과자를 달라고 엄마를 졸라 댄다.

연습 다음에서 알맞은 것을 서로 연결하여 문장을 완성하십시오.

울다　찍다　틀다　우기다　놀리다　지르다　실수하다　불평하다

(1) 이번 일이 김민호 씨 실수로 잘못되었는데 자신은 잘못이 없다고 우겨 댔다.

(2) 그 호텔의 투숙객들은 객실이 너무 춥다고 지배인에게 ＿＿＿＿＿＿＿＿.

(3) 아이들은 친구가 실수하자 친구를 '바보'라고 ＿＿＿＿＿＿＿＿ 선생님께 야단을 맞았다.

(4) 같은 방을 쓰는 친구는 스트레스를 받았는지 이 노래, 저 노래를 크게 ＿＿＿＿＿＿＿＿.

(5) 유명한 연예인을 보자 학생들이 마구 사진을 ＿＿＿＿＿＿＿＿.

(6) 그 아기가 밤만 되면 큰 소리로 ＿＿＿＿＿＿＿＿ 아기 부모는 잠을 설치기 일쑤이다.

(7) 너무 긴장을 해서 그런지 연습을 많이 했는데도 연발 ＿＿＿＿＿＿＿＿.

(8) 뭐 때문인지 그 여자는 갑자기 소리를 ＿＿＿＿＿＿＿＿ 다른 사람들이 놀랐다.

문 법

3. 필수적 부사어

주어, 목적어, 보어 이외에 서술어가 반드시 필요로 하는 문장성분을 필수적 부사어라고 한다.

예 '그 사람이 나와 다르다'는 이질감에서 안티 심리는 출발한다.

연습 다음 중 제시된 단어를 활용해 문장을 완성하십시오.

(1) 그 학생은 학교 근처에서 살고 있다.
(학교 근처)

(2) 수진이는 어머니보다는 ________________ 닮았다.
(아버지)

(3) 나는 크리스마스 카드를 써서 ________________ 넣었다.
(우체통)

(4) 이 선생은 자기 직업을 ________________ 여기고 살았다.
(천직)

(5) 현명한 사람은 위기를 ________________ 삼는다.
(전화위복의 계기)

(6) 회사 동료가 토요일에 같이 영화보러 가자고 ________________ 구는 바람에 혼났다.
(성가시다)

(7) 연예인을 인터넷에서 무차별 공격하는 것은 사회적으로 얼굴이 알려진 사람이라서 대응할 수 없는 약자를 ________________ 같다.
(공격하는 것)

(8) 현재 서울에 사는 외국인의 숫자가 ________________ 추정된다.
(약 23만 명 정도인 것)

문형학습

【문형 20】 1이 2를 3으로 용언
【문형 21】 1이 2를 3에게로 용언 +【문형 22】 1이 2으로부터 3를 용언

예 1
(1) 나는 나 자신을 이상주의자로 규정하고 싶다.
창호가 영희를 친구로 생각하더라도 영희는 창호를 친구로 생각하지 않는다.
(2) 영수는 얼굴을 철수에게로 바싹 당겼다.

(3) 고용주는 부하직원으로부터 존경받기를 원한다.

아버지는 부동산의 소유권을 아들에게로 넘겨 주고, 아들로부터 용돈 받기를 원했다.

예 2

(1) 아래의 지문에서 위에 제시한 문형을 찾아보십시오.

독재자는 안티 문화를 부정적인 것으로 생각하겠지만, 시민들은 안티 문화를 정당한 비판의식으로 받아들인다. 장기간 독재정치를 한 위정자가 국민으로부터 존경을 받으면서 물러서기를 원한다면, 권력의 원천이 국민으로부터 나온다는 생각을 가지고 국민을 위한 정치를 해야 할 뿐만 아니라 권력의 자리에서 물러날 시기를 잘 선택해야 한다. 만약 위정자가 물러날 시기를 제대로 판단하지 못하고 권력을 남용하면, 설사 위정자가 그 권력을 국민에게 돌려 주더라도 백성들은 온갖 비난을 위정자에게로 쏟아내게 되어 결과적으로 위정자는 백성들로부터 버림을 받게 될 것이다.

(2) 다음의 단어로 위의 문형을 만들어 보십시오.

① 결정하다　② 밀다　③ 보내다　④ 빼앗다　⑤ 훔치다

말하고 쓰기

여러분 나라에서는 안티 문화가 어디에서, 어떻게 나타났습니까? 어떤 영향을 주었습니까? 여러분 나라에서 안티 문화가 긍정적인 방향으로 반영된 예를 찾아 이를 소개하는 글을 써 보십시오.

제목: ____________________

9 경제 발전의 전략

학습목표

1. 한국의 경제에 대한 내용을 파악하게 한다.
2. 한국과 주변 나라 사이의 경제 관계에 대해 이야기하고 한국 경제의 특성에 대해 글로 표현한다.
3. 경제와 관련된 어휘를 이해하고 '원인이나 동기', '목적 혹은 방식', '사동'에 대한 문법을 활용한다.

이야기하기

1. 농촌이나 어촌에 가 본 적이 있습니까? 도시와 관련하여 어떤 경제적인 특징을 가지고 있습니까? 한국 경제의 특징을 나타내는 것은 무엇이라고 생각하는지 이야기해 보십시오.

2. 다음은 한국과 중국 및 일본의 경제 현황에 대한 자료들입니다. 이 자료들을 보고 한국과 중국 및 일본의 경제 관계에 대해 이야기해 보십시오.

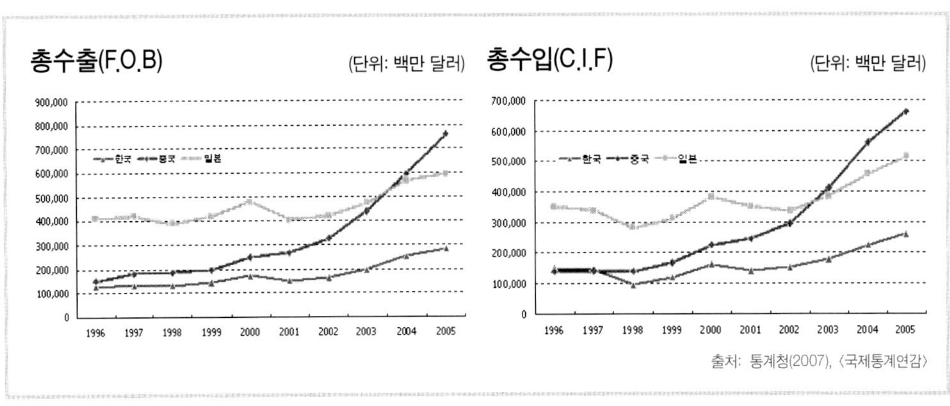

출처: 통계청(2007), 〈국제통계연감〉

각국의 수입 비중 상위 5개국

순위	한국		중국		일본	
	국가	금액 (백만 달러)	국가	금액 (백만 달러)	국가	금액 (백만 달러)
총수입	2006년도 총수입 281,809		2006년도 총수입 791,794		2006년도 총수입 61,314,770	
1위	일본	47,220	일본	115,811	중국	12,532,276
2위	중국	44,093	한국	89,818	미국	7,268,605
3위	미국	30,988	대만	87,141	사우디 아라비아	3,971,873
4위	사우디 아라비아	18,907	중국	73,366	아랍에미 리트연합	3,403,411
5위	아랍에미 리트연합	11,836	미국	59,222	오스트레 일리아	2,942,867

주: 한국과 일본은 2006년 11월까지의 누계
출처: 한국무역협회 / JERO 해외정보 파일 / ADB [Key Indicators] 2006

각국의 수출 비중 상위 5개국

순위	한국		중국		일본	
	국가	금액 (백만 달러)	국가	금액 (백만 달러)	국가	금액 (백만 달러)
총수출	2006년도 총수출 296,811		2006년도 총수출 969,324		2006년도 총수출 68,294,594	
1위	중국	63,293	미국	203,516	미국	15,442,322
2위	미국	39,450	홍콩	155,435	중국	9,722,038
3위	일본	24,128	일본	91,772	한국	5,299,442
4위	홍콩	17,401	한국	44,558	대만	4,682,781
5위	대만	11,810	독일	40,302	홍콩	3,644,811

주: 한국과 일본은 2006년 11월까지의 누계
출처: 한국무역협회 / JERO 해외정보 파일 / ADB [Key Indicators] 2006

읽 기

다음을 읽고 물음에 답하십시오.

국내환경 변화와 새로운 발전전략

일반적으로 경제가 성장하는 데에는 두 가지 길이 있다. 하나는 재화의 생산에 지금보다 더 많은 자원을 투입하는 것이다. 즉 더 많은 사람이 더 많은 시간을 일하거나 혹은 똑같은 사람이 똑같은 시간 일하더라도 더 많은 기계나 보다 성능이 좋은 생산수단을 활용하여 일하게 되면 일인당 생산성이 높아지고 경제가 성장할 수 있는 것이다. 이를 전문용어로는 "요소투입형 성장"이라고 한다.

다른 하나는 동일한 규모의 사람이나 기계가 일하더라도 일의 효율이 높아지거나 혹은 성능이나 품질이 향상된 재화를 생산하는 것이다. 즉 사람들의 일하는 방식이나 기계에 대한 활용 능력이 증대되어 동일한 사람이 똑같은 시간 동안 똑같은 시계로 일하더라도 더 많은 재화를 생산하거나 혹은 성능과 품질이 개선된 재화나 기존에 없던 새로운 재화를 생산하게 되면 일인당 생산성이 높아지고 경제는 성장할 수 있다. 이를 전문 용어로는 "혁신주도형 성장"이라고 한다.

90년대 중·후반까지의 한국 경제는 주로 요소투입형 성장에 의존하였다고 할 수 있다. 우선 60년대 초반부터 70년대 중·후반까지의 기간에는 주로 외국 자본을 도입하여 공장을 짓고 농촌에 존재하던 수많은 유휴인력을 여기에서 일하게 함으로써, 그리고 이후 80년대 중반까지 농촌의 잉여인력이 점차 소진되어 간 10여 년 동안에는 한 사람당 일하는 시간을 늘림으로써 성장하였다. 말하자면 60년대 초반부터 20여 년 간 우리 경제는 기본적으로 일하는 사람의 숫자를 늘리거나 한 사람당 일하는 시간을 늘리는 등 노동의 투입을 증가시켜 성장해 왔다.

이러한 노동투입 증가에 의존한 성장 방식은 80년대 중반 이후 민주화의 물결과 함께 임금이 급격히 상승하자 한계에 직면하게 된다. 그리하여 이후 10여 년 동안은 노동자 한 사람당 활용할 수 있는 기계를 늘리거나 보다 성능이 좋은 기계를 사용할 수 있도록 함으로써 노동자 일인당 생산성을 증가시키는 방향으로 성장 방식을 전환하였다.

90년대 중·후반까지의 한국 경제의 고도성장을 뒷받침해 온 이러한 요소투입형 성장 방식은 이제 한계에 직면하고 있다. 출산율의 저하로 말미암아 생산가능인구(15~64세)의 증가율이 급격히 하락하고 있고 설비투자 증가율도 경제 성장률보다 크게 하회하고 있어 자본투입의 증가도 어려운 형편이다. 경제 성장률도 90년대에는 6% 내외이던 것이 2001년 이후에는 평균 4%로 하락하고 있다. 이는 지금까지의 요소투입 위주의 양적 성장 전략이 이제 한계에 다다랐으며 혁신주도형 성장 방식으로의 전환이 없이는 선진국 진입이 어려움을 의미한다.

혁신주도형 성장을 위해서는 생산 과정에서의 혁신이 지속적으로 일어나야 한다. 이를 위해서는 새로운 기술과 지식이 지속적으로 창출되어야 할 뿐 아니라, 이렇게 창출된 기

술과 지식이 생산 현장에서 일하는 사람들에게 지속적으로 확산되고 활용될 수 있는 시스템이 구축되어야 하는 것이다. 이는 한편에서는 산업 현장이 필요로 하는 공정 및 제품에 관한 기술·지식이 끊임없이 창출·공급되고, 다른 한편에서는 이것이 생산 현장에서 지속적으로 확산·적용되면서 동시에 새로운 기술·지식에 대한 수요가 제시될 때 달성될 수 있다. 말하자면 기술과 지식의 창출과 이의 확산·적용이 상호 선순환구조를 이룰 때 비로소 혁신주도형 성장이 달성될 수 있는 것이다. 그런데 원천적인 기술과 지식의 창출은 대학이나 연구기관에서 그리고 이의 확산과 적용은 산업 현장에서 일어나는 것이 보통이다. 따라서 기술과 지식의 창출과 이의 확산·적용이 상호 선순환구조를 이루기 위해서는 대학 및 연구기관과 산업체가 서로 긴밀히 협력하는 관계가 확립되어야 한다.

출처: 국가균형발전위원회 엮음(2007), 〈균형발전 정책교본 혁신클러스터〉, 코리아 프린테크

1. 다음은 경제가 성장하는 방법인 '요소투입형 성장'과 '혁신주도형 성장'을 대조한 것입니다. 빈칸을 채워 넣으십시오.

	요소투입형 성장	혁신주도형 성장
의미	재화의 생산을 위해 더 많은 자원을 투입하는 것	(1)
구체적 방법	(2)	일하는 방식이나 기계에 대한 활용 능력의 증대

2. 다음 가운데 한국 경제의 성장을 뒷받침해 온 요소투입형 성장 방식의 한계가 아닌 것은 무엇입니까?

① 출산율이 저하되어 생산가능인구의 증가율이 급격히 하락하고 있다.
② 설비투자증가율이 경제성장률보다 크게 하회하고 있다.
③ 경제성장률은 평균 6% 대를 유지하고 있다.
④ 자본투입의 증가도 사실상 기대하기 어렵다.

3. 다음 중 한국 경제가 혁신주도형 성장을 이루기 위해 필요한 것이 아닌 것은 무엇입니까?

① 새로운 지식과 기술이 지속적으로 창출되어야 한다.
② 지금보다 더 많은 자원을 투자해야 한다.
③ 대학 및 연구기관과 산업체가 서로 긴밀히 협력해야 한다.
④ 생산현장에서 지식과 기술이 확산·적용되어야 한다.

어 휘

1. 다음 밑줄 친 표현과 같은 의미를 고르십시오.

(1) 작년보다 교육에 더 많은 예산을 투입했다.
① 투자했다 ② 투척했다

(2) 하루 종일 청소를 하고 나니 힘이 다 소진되었다.
① 빠졌다 ② 축적되었다

(3) 가뭄 피해가 전국적으로 급속히 확산되고 있다.
① 퍼지고 있다 ② 줄어들고 있다

(4) 교통 정책을 자동차 위주에서 보행자 위주로 전환해야 한다.
① 강화해야 한다 ② 바꾸어야 한다

(5) 우리나라 경제는 석유에 크게 의존하고 있다.
① 연결되어 있다 ② 의지하고 있다

2. 다음 단어들 가운데 본문에서 비슷한 의미로 쓰인 것들을 서로 연결하여 보십시오.

(1) 하락 • • ① 상승
(2) 유휴 • • ② 잉여
(3) 증가 • • ③ 저하

3. 본문의 내용을 참고할 때 다음 가운데 '경제'와 직접적인 관련이 없는 단어는 무엇입니까?

① 재화 ② 자원 ③ 생산성 ④ 민주화

4. 다음에서 알맞은 의미를 찾아 짧은 글을 만드십시오.

구축되다	증대되다	직면하다	창출하다	진입하다

(1) 어떤 일이나 사건을 직접 접하다 ( )
(2) 체제, 체계 따위의 기초가 닦아져 세워지다 ( )
(3) 어디를 향하여 들어가다 ( )

(4) 전에 없던 것을 처음으로 생각하여 지어내거나 만들어 내다 (　　　　)

(5) 양이 많아지거나 규모가 커지다 (　　　　)

(1) ____

____.

(2) ____

____.

(3) ____

____.

(4) ____

____.

(5) ____

____.

5. 다음은 '경제'와 관련된 어휘와 그 뜻풀이입니다. 이를 바르게 연결하십시오.

(1) 수요	① 인간이 생활하는 데 필요한 각종 물건을 만들어 냄
(2) 재화	② 어떤 재화나 용역을 일정한 가격으로 사려고 하는 욕구
(3) 생산	③ 사용 또는 소비 등을 통해 사람(소비자)들의 효용을 증가시킬 수 있는 형태를 가진 모든 것. 물리적인 실체는 있으나 눈에 보이지 않는 공기나 전기와 같은 것도 포함되는 개념
(4) 소비	④ 생산 과정에 참여한 개개인이 생산물을 사회적 법칙에 따라서 나누는 일
(5) 분배	⑤ 교환하거나 판매하기 위하여 시장에 재화나 용역을 제공하는 일. 또는 그 제공된 상품의 양
(6) 공급	⑥ 돈이나 물자, 시간, 노력 따위를 들이거나 써서 없애는 일
(7) 자본주의	⑦ 생산 수단을 자본으로서 소유한 자본가가 이윤 획득을 위하여 생산 활동을 하도록 보장하는 사회 경제 체제

문 법

1. -자

앞의 상황이 뒤 상황의 원인이나 동기임을 나타낼 때 쓰는 말

예 아이는 선물로 장난감을 받자 마냥 행복해 했다.

연습 다음 두 문장을 보기처럼 '-자'로 연결하여 완성하십시오.

동네에 안 좋은 소문이 났다. 그 집은 이사를 가 버렸다.
⇒ 동네에 안 좋은 소문이 나자 그 집은 이사를 가 버렸다.

(1) 건물에 불이 났다. 사람들이 밖으로 모두 뛰쳐나왔다.

⇒ ______________________

(2) 날이 더워졌다. 냉방 기구가 잘 팔린다.

⇒ ______________________

(3) 날이 밝아졌다. 사람들이 하나둘씩 거리로 나오기 시작했다.

⇒ ______________________

(4) 선생님이 교실에 들어섰다. 학생들이 자리에 앉기 시작했다.

⇒ ______________________

(5) 소설책이 잘 팔렸다. 출판사가 책을 더 찍기로 결정했다.

⇒ ______________________

보충 및 심화

1. '-자'는 앞의 행위가 끝난 후 바로 뒤의 행위가 시작함을 나타내기도 한다. 이 경우는 큰 의미 차이 없이 '-자마자'로 바꿔 쓸 수 있다.

예 집을 나서자 눈이 내리기 시작했다.
집을 나서자마자 눈이 내리기 시작했다.

2. '이다' 뒤에 붙어 두 가지 특징을 동시에 가지고 있음을 나타내는 일도 있다.

예 선생님은 학자이자 소설가이다.

2. -게

① 뒤에 나오는 행위에 대한 목적이나 기준 등을 나타낸다. 이 경우는 '-도록'과 교체할 수 있다.

예 몸 전체가 나올 수 있게 뒤로 물러 서세요.

② 뒤에 나오는 행위나 상태의 방식, 정도 등을 나타낸다.

예 소녀는 머리를 곱게 땋았다.

③ 어떠하다고 생각하고 느끼는 내용을 나타낸다. '여기다'나 '생각하다' 등의 동사와 결합한다.

예 싫은 소리 한다고 기분 나쁘게 여기지는 마.

연습 다음 두 문장을 '-게'로 연결하여 한 문장으로 만들어 보십시오.

(1) 춥지 않다. 옷을 더 입으세요.

⇒ ______________________________

(2) 모두가 들을 수 있다. 큰 소리로 말하세요.

⇒ ______________________________

연습 다음의 문장들에 쓰인 '-게'가 서로 같은 용법을 보이는 것들끼리 연결하여 보십시오.

(1) 더워지지 않게 창문을 열어라.	• •	① 그녀는 늘 손톱을 짧게 자른다.
(2) 부디 행복하게 살아라.	• •	② 문제를 너무 쉽게 생각하면 안 된다.
(3) 그 사람을 불쌍하게 여기지 마라.	• •	③ 뒤에까지 잘 들리게 큰 소리로 말해라.

보충 및 심화

주로 문장 앞에서 '놀랍다, 다행스럽다, 슬프다' 등의 형용사에 붙어 '-게도' 꼴로 쓰이면 뒤에 나오는 사실에 대한 느낌을 나타낸다.

예 놀랍게도 그는 이번 경기에서 또 우승하였다.
다행스럽게도 이번 교통사고에서 다친 사람이 없어요.
슬프게도 그 어머니는 잃어버린 아이를 찾을 수 없었다.

문 법

3. 사동과 '시키다'

사동이란 사람이나 동물, 사물이 스스로 움직이거나 그 상태에 이르는 것이 아니라 다른 사람을 통해서 움직임이 생기거나 그 상태에 이르도록 하는 것을 말한다. 이러한 사동은 '-이-', '-히-'와 같은 접미사를 사용하여 단어 차원에서 표현하거나 '-게 하다'를 사용하여 문장 차원에서 표현하는 두 가지 방법이 있는데 '시키다'는 이 두 가지에 모두 나타난다.

예 그는 싸운 사람들을 화해시키는 역할을 잘 한다.
선생님이 학생들에게 글쓰기 연습을 시킨다.

연습 다음의 밑줄 친 부분 가운데 '시키다'로 바꿀 수 있는 것과 없는 것을 나누어 보십시오.

(1) 할머니가 어머니에게 밥을 하게 했다.

(2) 선생님은 지각한 학생들에게 청소를 하게 했다.

(3) 철수가 영희를 기쁘게 한다.

(4) 수업에서 학생들에게 발표를 하게 하다.

연습 다음과 같이 '시키다'가 결합하여 형성된 단어를 5개 이상 찾아 보십시오.

교육시키다, 등록시키다 …

문형학습

【문형 23】 1이 2에 3으로 용언 +【문형 23】 1이 2에 3으로 용언
【문형 24】 1이 2에게 3으로 용언 +【문형 25】 1이 2에서 3으로 용언

예 1

(1) 철수는 그 회의에 귀빈으로 참석하였다. 세종은 임금으로 조선 발전에 크게 공헌했다.
한국의 씨름은 한국의 민속책에 한국 고유의 운동 경기로 기록되어 있다.

(2) 김연아의 우승은 한국사람들에게 신선한 충격으로 다가왔다.
남대문이 불탔다는 사실은 한국인들에게 참기 어려운 고통으로 다가왔다.

(3) 고향에서 서울로 유학가는 아들의 모습을 바라보며 어머니는 눈물을 흘렸다.
한국은 후진국에서 선진국으로 도약하고 있다.

(1) 아래의 지문에서 위에 제시한 문형을 찾아보십시오.

예 2

경제 개발·경제 발전·경제 성장 등은 경제학자들에게 비슷한 개념으로 사용되기도 하지만, 구분되기도 한다. 경제 성장은 국민생산의 증대를 뜻하는 것이고, 경제 발전은 인구 1인당 소득이 증대되는 것으로 널리 사용되고 있다. 그리고 경제 개발이라는 용어는 경제 발전을 실현하기 위한 정책적 수단의 개념으로 흔히 사용된다.

경제 발전의 주된 요인으로는 기술진보·자본 축적·인구 증가 등 3가지가 주로 지목된다. 기술진보는 생산기술의 혁신으로 생산량의 증대에 기여하고, 자본 축적은 자본량의 증가와 신기술 도입으로 근로자에게 새로운 기반을 조성하고, 인구 증가는 그 자체로 노동 현상에서 노동력이 증대된다는 것을 의미하는 것으로 경제 발전의 주된 요인이 되는 것이다.

W. W. 로스토는 저서 《경제성장의 제단계》(1960)에서 경제발전은 ① 전통적 사회, ② 도약을 위한 선행조건 단계, ③ 도약 단계, ④ 성숙에의 전진 단계, ⑤ 대중적 대량소비 단계 등 5단계로 설명하고 있다.

한국 경제의 초기 발전 전략은 해외시장을 개척하여 수출을 촉진하는 수출 주도형 발전 전략이었다. 즉, 외자의 적극적인 도입으로 자본을 축적하여 기술 진보와 근대화를 달성하려는 정책이었던 것이다. 이와 같은 전략을 채택하게 된 배경은, 자본과 자원이 절대적으로 빈곤한 반면에 값싼 노동력이 풍부했기 때문이다. 한국 경제의 21세기 발전 전략은 이제 완전히 다른 모습을 띠게 되었다. 세계 경제의 10대 경쟁국으로 성장하면서 내부적으로 분배의 균형 문제와 외부적으로 무한대의 국제 경쟁이라는 또 다른 두 가지 임무를 맡게 된 것이다.

(2) 다음의 단어로 위의 문형을 만들어 보십시오.

① 참여하다 ② 봉사하다 ③ 기여하다 ④ 돌아가다 ⑤ 도망가다

말하고 쓰기

✿ 지금 한국 경제가 가지고 있는 부정적인 측면은 무엇이라고 생각합니까? 그리고 앞으로 한국 경제가 발전하기 위해서는 어떤 방향으로 나아가야 한다고 생각합니까? 여러분의 생각을 이야기해 보십시오. 그리고 이를 간단하게 정리해 글로 써 보십시오.

제목: ______________________________

10 한국의 관광산업

학습목표

1. 한국 관광산업의 현황을 파악하고 문제점을 이해하게 한다.
2. 한국 관광산업의 사태의 동향이나 추이를 말하고 이를 개선할 수 있는 방안을 글로 구성하여 쓴다.
3. 한국어의 상대시제를 이해하고 활용한다.

이야기하기

1. 여러분은 한국에서 어떤 곳들을 여행했습니까? 한국의 대표적인 관광지와 관광산업에 대해서 알고 있습니까? 친구들과 함께 이야기해 봅시다.

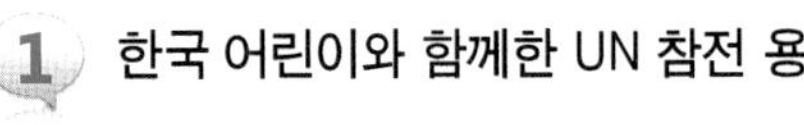

1 한국 어린이와 함께한 UN 참전 용사 후손들

2 보령머드축제를 즐기는 외국인들

2. 한국에서 여러 곳을 여행하면서 느꼈던 점에 대해서 이야기해 봅시다. 어떤 점이 좋았고 어떤 점이 불편했는지 자신의 여행 경험을 이야기해 보십시오.

좋았던 점	
불편했던 점	

읽 기

✿ 다음을 읽고 물음에 답하십시오.

오지철 한국관광공사 사장 "관광은 국가 성장 동력"

오지철 한국관광공사 사장은 3일 "올해 한국 관광의 화두는 관광산업의 글로벌 마인드 제고"라며 "관광에 대한 새로운 인식과 함께 아름다운 관광·문화자원을 바탕으로 다각적 관광 진흥 사업을 통해 일류 관광대국으로 나갈 것"이라고 밝혔다.

오 사장은 이날 신년 들어 처음으로 가진 단독 인터뷰에서 "국가성장 동력인 관광산업에 대한 각계각층의 인식 전환을 위해 노력하는 한편, 관광산업을 가로막는 '규제와 관념'을 혁신적으로 타파해 나가겠다"고 말했다.

한국관광공사가 발표한 바에 의하면 2008년 외래 관광객 유치 목표는 660만 명인데, 가장 기본적이면서도 우선적인 일부터 하나씩 이뤄 가려 한다. 그중 우리나라는 관광을 하나의 산업으로 보는 인식이 아직도 부족하다고 본다. 따라서 관광산업에 대한 인식을 높이는 데 힘쓰고자 한다. 그동안 관광산업 발전에 쓰이는 금융이나 세제 등 여러 가지 제도상의 혜택과 지원이 부족했다. 우리가 과거에 네 가지 주력 산업으로 중화학 공업과 조신, 자동차, 칠깅, 반도체에 쏟았던 에너지를 이제는 관광에 쏟아야 한다.

지자체는 관광이 지역 경제 활성화에 가장 도움이 된다는 근본적인 의식 전환이 필요하고, 국민들과 업계도 외국에 비해 외국인과 문화에 대해 덜 개방적인 편이므로 관광대국으로 가려면 지금보다 훨씬 더 개방적이 돼야 한다. 그렇게 되면 자연히 비자 문제나 제도도 개선이 되고 한국을 방문하는 외국인도 더욱 친근감을 느낄 수 있을 것이다. 아울러 중저가 숙박 시설과 음식점, 여행사의 영세성, 쇼핑 관광 문제 등 한국 관광산업 발전을 저해하는 요소들이 무엇인지를 찾아내 하나씩 개선해 나갈 생각이다.

또한 관광 상품의 지속적인 개발에도 힘쓰려 한다. 요즘 한류가 시들해졌다고들 하는데, 대중문화는 어느 나라든 일시적인 것이기 때문에 계속 이어가는 것은 어느 한 곳만의 일이 아니라고 본다. 이는 짧은 기간 수익에 집착하는 우리의 의식과 관리 등의 과오로, 모두가 힘을 모으면 개선해 갈 수 있을 것이다. 가격 경쟁력도 높여야 한다. 환율을 어떻게 할 수는 없지만, 방한하는 일본인들이 엔저 현상 때문에 값이 비싸 여행할 수 없다는 얘기를 한다. 그래서 가격 경쟁력 있는 관광 상품과 서비스 개발에 더욱 주력할 계획이다.

출처: 송동근 기자·김범석 기자(사진), 파이낸셜뉴스, 2008-01-03

1. 한국 관광산업에서 해결해야 할 요소들에는 어떤 것들이 있는지 쓰십시오.

2. 이 글에 대한 설명 중 틀린 것을 고르십시오.

① 이 글은 인터뷰 내용을 요약한 것이다.
② 오지철 사장은 관광산업이 한국의 주력 산업 가운데 하나라고 생각한다.
③ 오지철 사장은 관광산업 활성을 위한 방안을 제시하고 있다.
④ 오지철 사장은 관광산업이 지역 경제 활성화에 도움이 된다고 생각한다.

어 휘

1. 다음 〈보기〉의 단어들을 글의 맥락에 맞게 찾아 넣으십시오.

관광 대국	지자체	지역 경제 활성화	숙박 시설	영세성

(1) 전남요트협회 관계자는 "이번 대회를 통해 여수시가 요트도시로서의 이미지를 대외에 알릴 수 있는 것은 물론 침체된 ______________ 에도 기여하게 될 것"이라고 기대한다.

(2) 프랑스는 자타가 공인하는 세계 1위의 ______________ 이다. 노트르담 성당을 비롯해 루브르 박물관 등 세계의 관광객을 유혹하는 문화자산이 즐비하다.

(3) 택시의 공급과잉과 LPG가격 인상으로 택시업계가 사양화되고 ______________ 을/를 벗어나지 못하고 있다

(4) 인천 '두루미', 강원도 '반비', 경북 '신나리', 울산 '해울이' 등 각 ______________ 들은 저마다 앞다퉈 상징 캐릭터를 내놓으면서 이제는 정체성의 위기를 맞고 있다.

(5) 이번에 새로 짓는 14개의 ______________ 은/는 콘도형으로 취사시설까지 마련돼 교직원들의 하계 휴양 시설로 각광받을 전망이다.

2. 다음 의미를 뜻하는 단어를 〈보기〉에서 찾아 쓰고, 그 단어를 사용하여 문장을 만들어 보십시오.

인식 전환	혁신적	타파하다	개방적	주력하다	제고하다

(1) 부정적인 규칙, 관습, 개념 등을 깨뜨려 버리다 (　　　　　　)

(2) 사물에 대한 판단을 바꿈 (　　　　　　)

(3) 태도나 생각 등이 열려 있는 (　　　　　　)

(4) 어떤 일에 온 힘을 기울이다 (　　　　　　)

(5) 오래된 관습, 조직, 방법 따위를 완전히 새롭게 하는 (　　　　　　)

(6) 수준이나 정도를 높이다 (　　　　　　)

(1) ______________________________

______________________________.

(2) ______________________________

______________________________.

(3) ____

____.

(4) ____

____.

(5) ____

____.

(6) ____

____.

3. 다음 단어들의 반대말을 〈보기〉에서 찾아 쓰십시오.

손해	일면적	방해	폐쇄적	적대감

(1) 수익	⇔	
(2) 개방적	⇔	
(3) 친근감	⇔	
(4) 다각적	⇔	
(5) 지원	⇔	

문 법

1. -(으)므로

뒤에 오는 문장의 원인이나 근거를 나타낸다.

예 한국 국민들이 외국에 비해 외국인에 대해 덜 개방적인 편이므로 한국이 관광대국으로 가려면 더 개방적이 돼야 한다.

연습 다음 〈보기〉에서 알맞은 말을 찾아 문장을 완성하십시오.

우수하다	출신이다	살다	재미있다	선수이다

(1) 성적이 ______________________ 이 상장을 드립니다.

(2) 그는 부산 ______________________ 경남 방언에 익숙할 것이다.

(3) 상대가 너무 힘 센 ______________________ 조심해야 할 것이다.

(4) 그는 지금까지 성실하게 ______________________ 꼭 성공할 것이다.

(5) 그 영화는 주제도 분명하고 ______________________ 흥행할 것이다.

보충 및 심화

'-(으)므로'는 권유나 명령을 나타내는 문장 앞에서는 쓰이지 않는다. 이 경우에는 '-(으)니'나 '-(으)니까'를 사용해야 한다.

예 길이 막히므로 지하철을 탑시다. (×)
길이 막히니 지하철을 탑시다.
길이 막히니까 지하철을 탑시다.

2. 에 의하면

어떤 정보의 출처를 나타내는 명사에 붙어 뒤에 이어 나오는 내용이 그 정보에 근거했음을 나타낸다.

예 한국관광공사가 발표한 바에 의하면 2008년 외래 관광객 유치 목표는 660만 명이다.

연습 다음 〈보기〉에서 알맞은 말을 찾아 문장을 완성하십시오.

일기예보	심리학자	뉴스	들리는 소문	연구 결과

(1) 어떤 ________________ 꿈은 무의식의 반영이다.

(2) ________________ 곧 장마가 시작된대요.

(3) ________________ 올해 집값이 많이 오를지도 모른대요.

(4) ________________ 시청에서 계획했던 4개의 사업을 연기했다고 한다.

(5) 얼마 전에 발표된 한 대학의 ________________ 비만의 주원인은 식욕이라고 하더군요.

보충 및 심화

'에 의하면'은 '에 따르면'으로 큰 의미 차이 없이 바꾸어 사용할 수 있다.

예 한국관광공사가 발표한 바에 의하면 2008년 외래 관광객 유치 목표는 660만 명이다.
한국관광공사가 발표한 바에 따르면 2008년 외래 관광객 유치 목표는 660만 명이다.

3. 상대시제

안은문장의 사건이 일어난 시간에 의존하여 안긴문장의 시간이 상대적으로 결정되기도 한다. 아래 예문에서 '쓰이는'의 시제는 안은문장의 서술어인 '부족했다'의 과거시제를 기준으로 해석되므로 현재가 아니라 과거가 된다.

예 관광산업 발전에 쓰이는 금융이나 세제 지원이 부족했다.

연습 다음 〈보기〉에서 알맞은 말을 찾아 문장을 완성하십시오.

오다	가다	배달하다	먹다	김장(을) 담그다

(1) ________________ 사람들이 아직 다 오지 않았다.

(2) 미국에 ________________ 비행기 안에서 그 사람을 만났다.

(3) 철수는 어제 ________________ 어머니를 도와 드리느라 바빴다.

(4) 조금 전에 현관에서 우편물을 ______________ 아주머니를 만났다.

(5) 점심시간 전에 도시락을 미리 ______________ 사람은 선생님께 벌을 받았다.

문형학습

【문형 26】 1이 2를 문고 용언
【문형 27】 1이 2가 용언
【문형 28】 1이 [문어] 용언

예 1

(1) 관광국장은 관광산업을 한국에서 가장 중요한 미래산업이라고 생각했다.

창호는 다산의 정신과 사상을 당대에 필요했던 경세적인 실학이라고 말하기보다 오히려 당시 인간을 위한 개조론이라고 부르는 것이 좋다고 했다.

(2) 한국의 관광 산업은 미래가 밝다.

코끼리는 코가 길다.

(3) 모든 식품은 비닐로 포장되어 있다.

당신이 용서해 주세요.

당신이 예뻐 죽겠어.

예 2

(1) 아래의 지문에서 위에 제시한 문형을 찾아보십시오.

한국의 관광자원 중 무엇보다 먼저 자랑할 수 있는 관광지는 제주도이다. 제주도는 꿈같은 휴식이 있는 섬으로 섬 자체가 관광 명소라고 할 수 있는 곳이다. 제주도나 서귀포에서 차를 타고 제주도를 일주하면 제주도의 온갖 모습을 볼 수 있다. 그 중에 특히 성산 일출봉의 장엄한 풍광, 서귀포 앞바다의 눈부신 푸르름, 아열대 기후 속에 자라는 독특한 제주도 열매가 볼 만하다. 제주도 사람들에 의하면 제주도 돌담은 자연과 삶의 애환을 세월 속에 간직하고 있고, 향토 음식은 제주도인의 삶의 지혜를 담고 있다. 이 모든 것이 제주도를 세계적인 관광지라고 부를 수 있게 한다.

서울 근교의 경기도에 있는 한국민속촌도 한 번은 가 보아야 할 곳이다. 한국민속촌의 구성물에 의하여 한국인이 살아온 생활상을 한눈에 볼 수 있다. 길에서 펼쳐지는 다양한 행사 중 사물놀이는 한국인의 전통음악을 맛볼 수 있는 좋은 기회가 된다. 완전히 다른 소리를 가진 악기들이 모여 흥겨운 조화의 소리를 만들어내는 과정은 한국인 특유의 정서를 볼 수 있는 것이다. 그리고 장터에서 파는 다양한 전통음식도 식성에 따라 맛볼 수 있다.

한국의 산과 바다도 무척 아름답다. 금강산, 설악산, 오대산 등 산 모양 자체가 아름다운 산들도 많지만 한국 산의 특징은 4계절의 구분이 뚜렷하므로 계절에 따라 다른 맛을 느낄 수 있다는 것이다. 온갖 꽃이 만발하는 봄에는 그 꽃이 연두색의 새싹과 어울려 조화를 이루고, 한여름의 무성한 잎이 짙은 녹색을 지나면 가을에 형형색

색의 단풍이 진다. 잠시 후 새하얀 눈꽃이 온 세상을 뒤덮은 듯한 겨울 산이 된다. 한국의 산은 계절에 따라 완전히 다른 옷을 입고 우리를 맞이하므로 좋은 것이다. 한국의 바다도 한국의 모습을 잘 보여 준다. 한국의 바다는 대표적인 곳이 부산이고, 부산에서 가장 자랑하는 곳이 해운대이다. 멋진 호텔로 둘러싸인 아름다운 해변은 보는 이로 하여금 다시 찾아오고 싶게 한다.

⑵ 다음의 단어로 위의 문형을 만들어 보십시오.

① 아프다　② 좋다　③ 참조하다　④ 수긍하다　⑤ 버리다

말하고 쓰기

※ 다음 글을 읽고 여러분이 한국을 여행하면서 느꼈던 바를 말하고 한국의 관광 산업이 발전할 수 있는 방안에 대해 이야기해 봅시다. 그리고 이를 간단히 정리해 글로 써 보십시오.

가 보고 싶은 나라 '한국 1위'

우리나라가 브랜드(한국) 이미지 상승으로 아시아권에서 가장 방문해 보고 싶은 나라로 우뚝 섰다.

한국방문의해추진위원회와 한국관광공사가 지난 8월 23일부터 9월 4일까지 남아프리카공화국 요하네스버그의 '지속가능발전 세계정상회의(WSSD)'에 참가한 관계자, 일반인, 언론인 등 70개국 620명을 대상으로 한국에 대한 국가이미지 및 한국브랜드 인지도 조사 결과다.

'아시아 국가 중 가장 가보고 싶은 나라'에 대한 질문을 점수로 환산한 결과 한국(2873점), 일본(2107점), 중국(2039점), 홍콩(1826점) 순으로 나타났다.

또 월드컵기간 중 가장 기억에 남는 것은 한국의 4강 진출(36.0%)이며 월드컵 이후 한국의 국가이미지에 대해 응답자의 94.8%가 긍정적인 인상을 가진 것으로 나타났다. 이 중 67.0%가 '한국에 가보고 싶다'고 답했으며 특히 남미와 아프리카 지역의 한국 방문의사의 비율이 매우 높았다.

'한국에 대한 긍정적인 이미지'로는 아름다운 자연환경(30.8%), 흥미로운 문화(29.4%), 친절한 국민성(18.1%) 순으로 나타난 반면, '부정적 이미지'로는 언어 장벽(58.1%), 교통 체증(16.3%), 정치적 불안(11.8%) 순으로 응답해 여전히 한국 관광의 개선점으로 나타났다.

출처: 고성훈 기자, 매일경제, 2002-09-16

제목: ______________________

11 과학기술의 발달

학습목표

1. 최근 등장한 과학기술에 대해 이해한다.
2. 과학기술의 발달이 인간 사회에 끼치는 긍정적인 측면과 부정적인 측면에 대해 글을 구성하여 쓸 수 있게 한다.
3. 과학기술의 발달과 관련된 어휘 및 표현을 이해할 수 있고 사건의 배경이나 상황을 나타낼 때 사용하는 문법을 활용하여 말하게 한다.

이야기하기

1. 최근 과학기술의 발달에 대해서 알고 있습니까? 새로운 과학기술은 우리 사회에 어떻게 영향을 끼치고 있습니까? 아래 그림을 보면서 이에 대해 이야기해 봅시다.

1 미국 '꿈의 화성탐사선' 큐리오시티호 발사

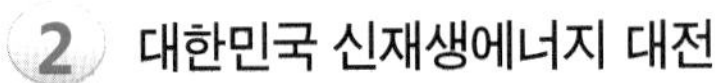

2 대한민국 신재생에너지 대전

2. 다음 과학기술이 발달하면서 우리 삶에 어떤 변화를 가져왔는지 이야기해 봅시다.

과학기술의 발달	우리 삶에 가져온 변화
생명공학 • 나노 기술 • 인간 및 동식물 복제 기술	
전자공학 • 유비쿼터스 • 디지털화	
우주과학 • 우주 정거장 개설 • 천체 망원경 발달	
환경공학 • 미생물 대사와 물질의 순환 • 대기오염과 기상학	

읽기

다음을 읽고 물음에 답하십시오.

나노 기술은 비교적 최근에 등장한 연구 분야이지만 점점 더 그 중요성이 증가하고 있는 분야이다. 많은 전문가들은 나노 기술이 21세기의 핵심적인 기술로 자리 잡을 것으로 예측하고 있는 가운데 우리는 이러한 나노 기술을 어떻게 이해해야 할 것인가?

나노 기술에 대한 어떤 통일된 개념 정의는 없지만, 일단 나노 공학은 대체로 100나노미터 미만의 범위에 놓여 있는 체제와 구조 혹은 표면 그리고 다른 기능적인 요소를 대상으로 탐구하고 개발하는 것이다. 1나노미터는 10억분의 1미터에 해당한다. 비교하자면, 가장 작은 원자인 수소원자 10개를 일렬로 늘어놓았을 때 그것이 1나노미터라고 한다.

나노 과학의 목표는 단순히 소형화하는 데 놓여 있지 않다. 오히려 더 중요한 것은 이제까지 접근할 수 없었던 화학, 전자, 자기, 역학, 시각 측면의 어떤 크기의 범위에 능동적으로 통제를 하면서 개입하고 그것을 기술적으로 이용하는 일이다. 나노 기술은 이미 인간의 생활세계 안으로 들어오고 있다. 정보처리, 우주탐사, 농업, 환경보호, 군사 등의 분야는 말할 것도 없거니와 의학도 나노 기술의 덕을 톡톡히 볼 수 있는 분야로 기대를 모으고 있다.

그런데 의학 분야는 윤리적으로 특히 민감한 영역으로 간주되고 있다. 예를 들어, 바이오칩(biochip: 생체에 심어 넣는 실리콘 집적회로 소자 혹은 생물화학 소자)과 유전자 검사에 대한 윤리적 측면에서의 논의가 심화되고 있다. 나노 기술이 추구하는 진단 절차는 매우 개인적인 정보 자료에 대한 접근과 개입을 보다 더 쉽고 빠르며 저렴하게 할 것이다. 개인적인 정보 자료는 어떤 사람의 생활 방식, 생물학적 출신 배경, 유전적 운명 등에 관한 진술을 가능하게 만들 것이다. 나노 기술 덕분에 이러한 정보 조사가 간단하게 끝날 수 있게 된다면 당연히 정보 남용의 위험성이 커질 것이다.

또한 의학 윤리의 문제는 나노 기술의 도움을 빌어 인간의 신체적·정신적·감각적 능력을 향상시키려는 목표와 관련해서 논의할 수 있다. 그 목표란 다시 말해 인간의 지각 및 인식 능력, 기억 및 집중 능력, 더 나아가서 작업 및 수행 능력을 제고하는 것이다. 특히 군인의 작업 및 수행 능력을 향상시키려고 하는데, 이러한 노력과 기대는 이미 '만능 군인'이라는 제목의 영화에서도 확인할 수 있다.

만약 그러한 종류의 발전방향이 실현될 수 있다면, 의학의 자기이해뿐만 아니라 질병, 정상, 장애에 관한 사회적인 생각도 역시 영향을 받을 것이다. 예를 들어 자연스럽게 다가오는 노화 현상도 일종의 질병이나 장애로 간주될 수 있다. 따라서 인간 능력의 제고와 향상을 위한 사회적 압력이 커지다 보면 나노 공학은 소위 '인간(제조) 공학'으로까지 발전하게 될 가능성도 있다. 만약 그렇게 된다면 사람들은 한편으로는 사회적으로 차별을 받지 않으면서, 다른 한편으로는 능력 향상을 향한 사회의 표준화 압력을 어떻게 피할 것인가 하는 문제를 놓고 고민하게 될 것이다.

출처: 허영식(2004), 〈과학 기술과 현대사회〉, 원미사, pp. 188-201

1. 다음은 윗글의 내용을 일부 정리한 것입니다. 빈 칸에 들어갈 말을 써 넣으십시오.

나노 기술의 대상	(1)
나노 기술의 목표	• 지금까지 접근할 수 없었던 크기의 화학, 전자, 자기, 역학, 시각 측면에 능동적으로 통제하고 개입해서 기술적으로 이용하는 것
나노 기술의 구체적인 적용 분야	(2) • • • • • •

2. 다음은 나노 기술에 대한 설명입니다. 위의 글과 일치하지 <u>않는</u> 것은 무엇입니까?

① 나노 기술의 발달은 유전자 검사를 쉽고 저렴하게 할 수 있다.
② 나노 기술의 발달은 인간의 신체능력을 향상시킬 수 있다.
③ 나노 기술의 발달은 인간의 노화현상을 없앨 수 있다.
④ 나노 기술의 발달은 의학 윤리문제를 가져올 수 있다.

어 휘

1. 다음에 들어갈 단어를 〈보기〉에서 찾아 쓰십시오.

남용	유전자	노화 현상	복제	탐구

(1) 2001년 유럽회의에서는 연구 목적으로 세포나 조직에 대한 경우를 제외하고는 인간 ________ 을/를 금지하기로 결정했다.

(2) 나이가 들면 머리카락도 빠지고 주름도 생기는 ________ 이/가 나타난다.

(3) ________ 이/가 조작된 콩, 옥수수, 쌀 등은 생산성 면에서는 긍정적일지 모르지만 식품 안정성 면에서는 아직 검증되지 않았다.

(4) 오늘날의 과학기술의 발달은 끊임없는 진리 ________ 의 결과이다.

(5) 약물을 ________ 하면 치료는커녕 건강을 잃을 위험이 있다.

2. 다음 과학기술의 발달과 관련된 설명을 찾아 연결해 보십시오.

(1) 생명공학 •
(2) 대체에너지 •
(3) 인공지능 •
(4) 우주탐사 •
(5) 정보과학 •

• ① 석유로 대표되는 화석에너지를 대신하여 태양열, 풍력, 식물 등을 사용하는 것이다.
• ② 인공위성, 우주선 등을 이용해 지구 밖의 천체들을 탐사하는 행위이다.
• ③ 물건이 아닌 정보의 생성, 전달, 축적, 이용에 관한 일반적인 원리를 연구하는 학문으로 주로 컴퓨터를 활용하여 이루어진다.
• ④ 생명에 관계되는 현상이나 생물의 여러가지 기능을 연구해서, 의료나 환경보존 등 인류복지에 사용하는 종합과학이다.
• ⑤ 인간의 학습능력과 추론능력, 지각능력, 자연언어의 이해능력 등을 컴퓨터 프로그램으로 실현한 기술이다.

3. 과학기술의 발달로 '과학', '공학'과 같은 말이 들어간 단어가 우리 주변에 많습니다. 여러분이 알고 있는 '과학'이나 '공학'을 포함한 단어와 이와 관련된 단어들을 찾아 써 보십시오.

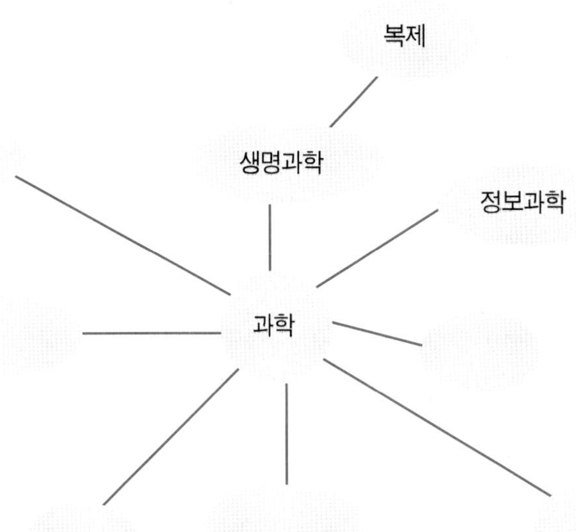

문 법

1. 덕분에

앞에 쓰인 사람의 도움이나 어떤 일을 계기로 후행 사태가 가능하게 되었을 때 쓴다.

예 나노 기술 덕분에 이러한 정보 조사가 간단하게 끝날 수 있게 되었다.

연습 다음에서 가장 잘 연결될 수 있는 문장을 찾아 한 문장으로 만드십시오.

ㄱ. 선생님 덕분에	① 대학원에 진학할 수 있게 됐습니다.
ㄴ. 당신이 곁에서 내조해 준 덕분에	② 빨래가 간편해졌다.
ㄷ. 요즘은 세탁기 덕분에	③ 오늘날의 내가 있는 거라고 생각해요.
ㄹ. 여러분의 염려 덕분에	④ 올해 소득이 배가 됐다.
ㅁ. 쉬지 않고 부지런히 일한 덕분에	⑤ 여기서도 잘 지내고 있습니다.

(1) ______________________________.

(2) ______________________________.

(3) ______________________________.

(4) ______________________________.

(5) ______________________________.

2. -는/(으)ㄴ가?

동사나 형용사 등 용언의 뒤에 붙어 논문이나 신문 같은 글에서 일반적인 문제를 제기할 때 쓴다. 답을 몰라서 묻는 것이라기보다 읽는 사람의 주의를 환기하기 위해 사용한다.

예 우리는 이러한 나노 기술을 어떻게 이해해야 할 것인가?

연습 제공된 어휘를 사용하여 '-는/(으)ㄴ가?'로 다음 문장을 완성하십시오.

(1) 그 법칙은 어떻게 (설명되다)______________________________?

(2) 언어는 어떤 특징을 (가지다)______________________?

(3) 이와 같은 현상은 왜 (발생하다)______________________?

(4) 대학입시 이대로 두어도 (괜찮다)______________________?

(5) 정부는 대체 에너지에 대한 계획을 가지고 (있다)______________________?

보충 및 심화

'-는/(으)ㄴ가'는 혼잣말로 쓰여 말하는 사람의 의문이나 강한 의심을 나타내기도 한다.

예 나는 왜 매일 일찍 일어나지 못하는가?
과연 이 마을에도 평화가 오겠는가?

3. 이중주어 / 이중목적어

① 하나의 서술어에 주어나 목적어가 2개 이상 나타나는 경우가 있다.
② 주어가 2개 이상 사용되는 경우, 첫 번째 주어 이후에 나오는 주어들은 첫 번째 주어의 한 부분임을 나타낸다.
③ 목적어가 2개 이상 사용되는 경우, 첫 번째 목적어 이후에 나오는 목적어들은 첫 번째 목적어를 구성하는 명사의 한 부분이거나 한 종류 또는 수량을 나타낼 때 목적어가 한 개 이상 사용된다.

예 영희가 마음씨가 곱다.
아버지가 시장에서 생선을 고등어를 세 마리를 사 오셨다.

연습 다음 빈칸에 들어갈 말을 써 보십시오.

(1) 어머니께서 ______________ 크시다.

(2) 코끼리가 ______________ 길다.

(3) 너무 큰 ______________ 샀다.

(4) 쇠고기 말고 ______________ 세 근을 주세요.

(5) 가을이 되면 그 나무가 ______________ 먼저 떨어진다.

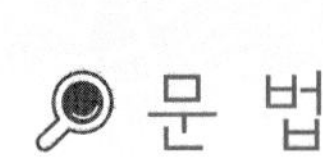

문 법

문형학습

【문형 29】 ①이 ②를 용언
【문형 30】 ①이 ②를 ③에 용언 +【문형 31】 ①이 ②를 ③에게 용언

예 1

(1) 나는 과학을 좋아한다.
선생님께서는 학생에게 최선을 다하기를/다할 것을 말씀하셨다.
나는 어릴 때부터 우주여행을 꿈꾸며 살아왔다.

(2) 익명의 과학자가 우리 단체에 다양한 과학책을 기부하였다.
과학기술의 발전은 인간에게 새로운 삶을 주었다. 창호는 사랑의 꽃을 영희에게 주었다.

예 2

(1) 아래의 지문에서 위에 제시한 문형을 찾아보십시오.

과학기술이란 자연과학·응용과학·공학 등의 학문적인 분야와 현장에서의 생산적인 기술 등을 총괄적으로 지칭하는 개념이다. 과학과 기술은 이론과 실제라는 면으로 밀착되어 있는 것이다. 과학은 인간들에게 기술의 진보를 촉진시키고, 기술에서 제기되는 문제는 과학 발전에 자극제를 제공하였기에 이들은 불가분의 관계에 있다.

과학기술의 발전은 연구 개발과 기술 진보라는 두 축에 의하여 이루어지는데, 이를 수행하는 것은 과학기술계 인적 자원이므로, 우선적으로 해야 할 작업은 인적 자원 양성이라고 할 수 있을 것이다. 그런데 이를 뒷받침하기 위해서는 자본 축적이 이루어져야 한다. 그리고 과학기술의 궁극적인 목적은 선진 사회의 구축에 있다고 할 수 있는데 현대사회에서 이루어지는 선진화는 대체로 다음의 경로를 거친다고 할 수 있다.

과학기술진보 → 기술혁신 → 산업구조의 고도화 → 경제성장 → 사회개혁(사회변동).

과학기술이 비약적으로 발전하는 덕분에 인간 역시 전혀 새로운 삶을 영위하고 있는데, 과학 발전과 인간 발전은 어떤 상관관계가 있는가 하는 문제는 새로운 가치관 형성의 문제를 던져 주고 있다. 그에 대한 답은 보류해 두더라도 개개 인간에 대한 교육, 경제구조의 혁신, 사회 제도의 변화 등이 복합적으로 이루어져야 과학기술이 제대로 발전할 수 있다는 것을 알 수 있는데 이는 과학기술의 발전과 경제·사회 그리고 교육 사이에는 밀접하고 복잡한 상관관계가 있다는 것을 말해 준다.

(2) 다음의 단어로 위의 문형을 만들어 보십시오.

① 주다 ② 기부하다 ③ 발전시키다 ④ 뒷받침하다 ⑤ 말하다

현대 과학기술의 발달은 우리 삶에 많은 변화를 가져왔습니다. 우리의 삶을 편리하게 해 주었다는 점에서는 긍정적이지만 그에 따른 부정적인 측면도 나타나고 있습니다. 여러분이 관심을 가지고 있는 과학기술에 대해 생각을 정리한 후 다음 빈칸에 글을 써 보십시오.

관심 과학기술	
과학기술의 내용	
긍정적인 영향	
부정적인 영향 혹은 문제점	

제목: ______________________

12 한류 열풍

학습목표

1. '한류'를 통해 한국의 문화와 아시아 문화의 상호 관계에 대한 내용을 파악하게 한다.
2. '한류'의 여러 분야에 대해 말하고 앞으로의 방향에 대해 글로 표현한다.
3. 대중문화와 관련된 어휘에 대해 이해하고 '가정', '재료 혹은 수단', '사람 이름 표시'에 대한 문법을 활용한다.

이야기하기

1. 다음은 '한류'라는 단어가 생겨난 배경에 관한 글입니다. 이 글을 읽고 '한류'의 의미는 무엇이라고 생각하는지 이야기해 보십시오.

'한류(韓流)'란 단어는 태생부터 '일시적인 것'이란 의미를 강하게 머금고 있다. 이 용어는 1999년 중반 중국 언론 매체가 처음 쓰기 시작했다. 1999년, 문화관광부는 한국 가요의 홍보용 음반을 CD로 제작하여 해당 국가의 방송사, 잡지사, 대학, 디스코텍 및 한국 공관에 배포할 목적으로 1억 5천만원을 투자하여 중국어 6천 장과 일본어 및 영어 각 3천 장씩의 음반을 기획 제작하였다. 이 음반의 영어와 일어 버전은 'Korea Pop Music', 중국어 버전은 '韓流-Song from Korea'라고 되어 있었다.

이 중국어 버전의 음반 기획을 맡은 회사는 지난 1997년부터 베이징 음악 방송국을 통해 정규적으로 1시간씩 중국어로 진행되는 한국가요 소개 프로그램인 '서울음악실(漢城音樂廳)'의 제작 및 운영을 맡고 있는 (주)미디어플러스였다. 당시 홍보용 음반의 타이틀을 논의하는 기획회의에서 북경영화대학(北京電影學院) 연출과 교수가 젊은이들 사이에서 새로운 유행 경향을 총칭하는 '寒流'라는 신조어에서 '寒'을 '韓'으로 바꾸자는 의견을 제시하여 타이틀을 '韓流'로 정하게 되었다고 한다. 그리고 몇 년 후 이 단어는 이제 중국, 대만, 홍콩, 일본, 싱가포르, 베트남 등에 이르기까지 한국 대중문화의 인기를 가늠하는 의미로 자리 잡았다.

출처 : 최혜실(2007), 〈한류드라마의 스토리텔링〉, 새문사

2. 여러분은 '한류'하면 무엇이 떠오릅니까? 음악? 영화? 드라마? 여러분이 좋아하는 스타에는 누가 있습니까? 그 사람을 왜 좋아합니까? 서로 좋아하는 대중문화의 장르와 스타에 대해 이야기해 보십시오.

1 일본 니가타 공연 콘서트 한류 아이돌 가수 2PM

일본 K-POP 페스티벌 South Korean pop group 2PM performs on the stage during the K-Pop All-Star live concert in Niigata, northern Japan, on Saturday, Aug. 20, 2011 (AP Photo/Koji Sasahara)

2 영원한 순애보 '겨울연가'

(도쿄=연합뉴스) 이태문 통신원 = 29일 도쿄 오다이바의 베이코트클럽에서 열린 애니메이션 '겨울연가'의 공식 기자회견에 참석한 한류스타 배용준과 최지우. 2009. 9. 30

읽기

다음을 읽고 물음에 답하십시오.

'한류'의 문화적 효과

우리를 포함하여 아시아인은 근대 이후 항상 자신을 자신이 소속되어 있는 아시아 지역 시민으로서의 눈으로 바라보고 해석한 것이 아니라 아시아의 타자인 서양을 통해 발견했다. 아시아인에게 서양은 경외의 대상이었다. 서양이 경외의 대상이었기에, 아시아인은 그 나름대로 각자 서양만을 바라보았을 뿐 아시아인으로서의 자신과 서로를 바라보지 않았다.

'한류'에 의해 아시아가 한국을 재발견하고, '한류'의 성공적 진출로 인해 우리가 아시아와의 새로운 관계를 다시 고민하기 이전에 '아시아'는 세계 지도상의 추상적 지역 개념에 불과했다. 심지어 냉전의 여파와 식민—피식민 관계라는 역사적 경험 때문에, 아시아는 문화적 연대보다는 정치적 외교적 갈등 관계에 의해 지배되어 왔다.

그 결과 한국은 아시아라는 지역에 있으면서도, 아시아가 아니었고, 아시아 내 국가들에게도 한국은 낯선 곳이었다. '한류'는 이러한 상황에서 벗어나, 말하자면 '문화적 기초'를 갖춘 진정한 의미의 지역으로 아시아가 변모될 수 있는 소중한 기회를 제공해 주었다.

그러나 한류의 확산에도 불구하고, 한국과 아시아 사이의 문화적 거리는 좁혀지지 않고 있다. 이는 문화적 교류를 통한 아시아 지역 문화 형성에 한국 문화가 적극적 기여를 하지 못하고 있기 때문이다. 그 원인은 한국의 대중문화 산업이 '시장'으로서의 '아시아'만을 발견했을 뿐, '지역'으로서의 '아시아'를 발견하지 못했다는 점에 기인한다.

'한류'를 중심으로 한 한국과 아시아의 문화 교류는 소수 한류 스타에 대한 의존도가 과도하며, 교류되고 있는 문화 내용 또한 대중문화 영역에 편중되어 있는 실정이다. '문화 상품'을 통한 문화적 교류만으로 아시아의 지역적 연대는 형성되기 어렵다. 상품으로서의 문화는 다른 상품처럼 언제 변화할지 모르는 소비자의 취향에 의해서만 그 소비 여부가 결정되기 때문이다. 문화산업 시장의 변화는 예측하기 힘들고, 소비자들의 기호는 어느 나라에서나 빨리 변하고, 변화에 민감하다.

또한 각국 국민 문화와 하위 문화의 특수성을 감안하지 않은 채 상품화된 문화 교류 중심의 사유에는, '지역'을 문화 상품의 경쟁논리로만 대상화함으로써 '지역' 내 타 국가의 문화적 다원성을 무시하고 '지역'을 구성하고 있는 나라를 문화적 공략 대상으로만 설정하는 문화적 역행을 초래할 위험이 있다.

따라서 대중문화 예술의 교류가 주는 경제적인 수익에 매몰되는 교류에 국한되는 것이 아니라 다차원적인 문화 교류를 통해 문화적인 소통이 이루어질 수 있는 길을 모색해야 한다.

한류 현상을 계기로 삼아 문화연구자들은 아시아가 세계 문화 시장의 소비국에서 벗어나 문화의 생산 지역으로 발전할 가능성을 지적하고 있다. 특히 아시아 발신의 문화를

생산하는 데 있어서, 식민지 피지배국이었으면서도 유구한 역사와 전통을 통한 문화적 잠재력을 갖춘 한국이 적극적 조정자가 될 것을 주장하는 한국형 문화 교류론의 수립 요청은 빈번하지만 아직 이상적인 문화 교류 모델 등에 대한 구체적 연구는 부족한 실정이다.

정정숙(2007), 〈'한류'에 있어서의 인문학의 활용방안〉, 경제·인문사회연구회

1. 다음은 윗글의 내용을 정리한 일부입니다. 빈 칸에 알맞은 말을 써 넣으십시오.

'한류' 이전의 아시아의 관계
각자 경외의 대상인 서양만을 바라봄

'한류'가 아시아에 미친 문화적 효과
'문화적 기초'를 갖춘 진정한 의미의 지역으로 아시아가 변모될 수 있는 소중한 기회 제공

'한류'의 한계
문화적 교류를 통한 아시아 지역문화 형성에 한국 문화가 적극적 기여를 하지 못함 (1) 원인: (2) 결과:

2. 다음은 위의 글에 나타난 한국과 아시아 사이의 관계를 정리한 것입니다. 본문의 내용과 일치하지 <u>않는</u> 것은 어떤 것입니까?

① 한류 이전의 한국과 아시아와의 관계는 서양을 배제한 직접적인 것이었다.
② 한류의 확산을 통해 한국과 아시아 사이의 관계가 서로 밀접해지지 못하였다.
③ 지금까지의 한국과 아시아의 문화 교류는 주로 대중문화 영역에 한정되어 있다.
④ 한국이나 아시아는 모두 서양을 경외의 대상으로만 간주한 경향이 있다.

3. 이 글에서 궁극적으로 이야기하고자 하는 것은 무엇입니까?

① 지금의 '한류'는 경제적 논리에만 지배받고 있다.
② 아시아의 문화교류는 '한류' 스타만으로도 충분하다.
③ '한류'와는 상관없이 아시아는 문화적 연대가 공고하다.
④ '한류'는 문화적인 소통을 이룰 수 있는 길을 모색해야 한다.

어 휘

1. 다음 밑줄 친 표현과 같은 의미를 고르십시오.

(1) 아시아인에게 서양은 <u>경외의 대상</u>이었다.
① 무시할 수 있는 대상 ② 공경하면서도 두려운 대상

(2) 아시아가 <u>변모될 수 있는</u> 소중한 기회를 제공해 주었다.
① 모습을 바꿀 수 있는 ② 승리할 수 있는

(3) 하위 문화의 특수성을 <u>감안하지 않았다</u>.
① 참고하여 생각하지 않았다 ② 자주 생각하지 않았다

(4) 경제적인 수익에 <u>매몰되는</u> 교류에 국한되는 것이 아니다.
① 도움이 되는 ② 파묻히는

(5) 문화적인 소통이 이루어질 수 있는 길을 <u>모색해야 한다</u>.
① 막아야 한다 ② 찾아야 한다

(6) <u>유구한</u> 역사와 전통을 통한 문화적 잠재력을 갖췄다.
① 아득하게 오랜 ② 매우 빠르게 변한

2. 다음에서 알맞은 의미를 찾아 짧은 글을 만드십시오.

국한되다	기인하다	초래하다	편중되다	빈번하다	민감하다	재발견하다

(1) 한쪽으로 치우치다 ( )

(2) 어떠한 결과를 가져오게 하다 ( )

(3) 원인을 두다 ( )

(4) 범위를 일정한 부분에 한정하다 ( )

(5) 빈도와 횟수가 잦다 ( )

(6) 새롭게 인식하거나 인정하다 ( )

(7) 빠르게 반응을 보이거나 쉽게 영향을 받다 ( )

(1) ______________________________.

(2) ______________________________.

(3) ______________________________.

(4) ______________________________.

(5) ______________________________.

(6) ______________________________.

(7) ______________________________.

3. 다음 단어들 가운데 본문에서 반대의 의미로 쓰인 것들을 서로 연결하여 보십시오.

(1) 연대 ●	● ① 서양
(2) 시장 ●	● ② 지역
(3) 아시아 ●	● ③ 갈등관계

4. 다음은 '문화'와 관련된 어휘들입니다. 왼쪽의 어휘와 그에 대한 뜻풀이를 바르게 연결하여 보십시오.

(1) 생활양식 ●	● ① 인류 문화는 일원적으로 진화하는 것이 아니라 제각기 독자적인 방향으로 발전하기 때문에 문화의 우열을 가릴 수 없다고 보는 태도나 관점
(2) 문화상대주의 ●	● ② 사회나 집단이 공통적으로 갖고 있는 생활에 대한 인식이나 생활하는 방식
(3) 대중문화 ●	● ③ 한 사회에 여러 민족이 공존하게 되면서 나타나는 문화의 다양성
(4) 다문화 ●	● ④ 대중이 형성하는 문화. 생활 수준의 향상, 교육의 보급, 매스컴의 발달 따위를 기반으로 이루어지며, 대량 생산과 대량 소비를 전제로 하기 때문에 문화의 상품화·획일화·저속화 경향이 생기는 경우가 많음
(5) 문화재 ●	● ⑤ 그 나라에서 발생하여 전해 내려오는 그 나라 고유의 문화
(6) 전통문화 ●	● ⑥ 문화 활동에 의하여 창조된 가치가 뛰어난 사물·유형의 것은 물론 민속과 같은 무형, 천연기념물, 사적, 명승지 따위를 포괄함

문 법

1. -자면

어떤 의도나 목적을 가정하여 그 조건에 따라 다른 어떤 행위를 하거나 상태에 있음을 진술할 때 쓴다.

예 유럽 여행을 최고급으로 하자면 이 여행보다 경비가 세 배는 더 들 것이다.

연습 다음에서 알맞은 말을 찾아 문장을 완성하십시오.

끝내다　말하다　겨루다　비유하다　재발행 받다　털어 놓다　충고하다　살다

(1) 이 일을 오늘 중으로 ________________ 바삐 서둘러야 한다.

(2) 정확히 ________________ 시장경제가 공정했을 때만 경제가 성장한다는 것이다.

(3) 상대편 선수가 다시 ________________ 이에 응할 생각이 있다.

(4) 경험자로서 그 친구에게 ________________ 지나간 일은 잊어버리는 게 좋다.

(5) 서울에서 ________________ 대중교통 이용 방법을 잘 알아둘 필요가 있다.

(6) 야구를 영화에 ________________ 끝까지 봐야 결말을 알 수 있는 공포영화라고 할 수 있다.

(7) 여행 중 항공권 분실은 재발행이 손쉽지만 여권을 ________________ 절차가 까다로워서 여간 힘든 게 아니다.

(8) 솔직히 마음속의 말을 ________________ 수술실에 들어가기 전에는 너무 떨려서 아무 말도 못했던 것이었다.

보충 및 심화

1. '-려면'과 큰 의미 차이 없이 바꿔 쓸 수 있다.

예 유럽 여행을 최고급으로 하려면 이 여행보다 경비가 세 배는 더 들 것이다.

2. '-자고 하면'이 줄어든 '-자면'은 동사에 붙어 어떤 권유나 제안의 내용을 가정할 때 쓴다. 따라서 이때는 '-려면'으로 바꾸어 쓸 수 없다.

예 그 사람은 내가 하자면 뭐든지 합니다.

2. (으)로써

① 어떤 물건의 재료나 원료를 나타낸다.

예 쌀로써 떡을 만든다.

② 어떤 일의 수단이나 도구를 나타낸다.

예 꿀로써 단맛을 낸다.

③ 시간을 셈할 때 셈에 넣는 한계를 나타낸다.

예 고향을 떠난 지 올해로써 20년이 된다.

연습 다음의 문장들에 쓰인 '로써'는 위의 세 가지 의미 가운데 어떠한 것에 해당되는지 괄호 안에 번호를 넣어 보십시오.

(1) 대화로써 갈등을 풀 수 있을까?
( )

(2) 시험을 치는 것이 이로써 일곱 번째가 됩니다.
( )

(3) 콩으로써 두부를 제조한다.
( )

보충 및 심화

1. '(으)로서'는 다음과 같은 경우에 쓴다.

① 지위나 신분, 자격이 있음을 나타낸다.

예 그는 친구로서는 좋으나 남편감으로서는 부족한 점이 많다.

② 어떤 입장, 형편에 처해 있음을 나타낸다.

예 현재로서 그 문제를 해결할 사람은 없다.

2. '(으)로서'나 '(으)로써'는 모두 '(으)로'로 바꿔 쓸 수 있다.

예 그는 친구로는 좋으나 남편감으로는 부족한 점이 많다.
쌀로 떡을 만든다.

문 법

3. 사람 이름과 '-이'

사람의 이름을 말할 때 이름의 끝 음절에 받침이 있으면 이름에 '-이'를 붙이는 것이 자연스럽다. 이 경우 윗사람이 아랫사람에게 또는 같은 또래 사이에서 사용할 수 있으며 아랫사람이 윗사람을 부르거나 가리킬 때는 사용할 수 없다.

예 주영이는 음악을 좋아한다.
승희는 미술을 참 잘한다.

연습 다음 괄호 안에서 가장 자연스러운 것을 골라 보십시오.

(1) (철수는, 철수이는) 운동 경기를 좋아한다.

(2) (상철은, 상철이는) 사과와 배를 사 왔다.

연습 다음 중 밑줄 친 부분이 부자연스러운 것을 모두 고르십시오.

① 영주이는 옷이 참 잘 어울린다.

② 정현이는 내가 가장 존경하는 선생님이다.

③ 영숙이가 오늘은 오지 않는다고 한다.

④ 민서는 내 가장 친한 친구이다.

문형학습

【문형 32】 1이 용언
【문형 33】 1이 2에 용언 +【문형 34】 1이 2에게 용언 2

예 1

(1) 철수가 간다. 철수는 사람이다. 철수는 예쁘다.

(2) 철수가 집에 있다. 단체에 가담하다. 그릇에 물이 가득차다. 바닥에 가라앉다.
철수는 회장으로 그 단체에 가담하고 있다.

(3-1) 그 회사의 성공 여부는 창호에게 달려 있고, 개인의 성공 여부는 스스로의 마음먹기에 달려 있다.

(3-2) 윤주에게는 호감이 가지 않는 반면에 이상하게 그 사람에게는 마음이 더 간다.

예 2

(1) 아래의 지문에서 위에 제시한 문형을 찾아보십시오.

한류란 1996년에 한국의 텔레비전 드라마가 중국에 수출됨으로써 선풍적인 인기를 얻게 된 것을 기점으로 한국의 대중문화가 아시아의 여러 나라에 대중적 인기를 얻게 된 현상을 일컫는다.

중국에서 시작된 드라마, 가요, 영화 등의 한국 대중문화에 대한 열풍은 중국뿐 아니라 타이완, 홍콩, 베트남, 타이, 인도네시아, 필리핀 등 동남아시아 전역으로 확산되었다. 특히 2000년 이후에는 대중문화만이 아니라 김치, 고추장, 라면 등 일상생활 용품까지 선풍적인 인기를 누리고, 게다가 텔레비전, 세탁기, 냉장고, 컴퓨터 등 가전 생활 제품이 세계적으로 최고의 수준에 도달하면서 한국 관련 제품에 대한 선호 현상이 나타나는데, 이러한 모든 현상을 가리켜 한류라고 할 수 있을 것이다.

이러한 현상은 대중문화의 수용 차원을 넘어 한국인과 한국 문화 그리고 한국 자체에 애정을 느껴 한국어를 익히거나 한국 제품을 사고 심지어 휴직을 하면서까지 한국 드라마의 촬영지에 여행을 하려고 하는 사람들이 생겨나게 되었다.

한류의 원인에 대해 말하자면, 여러 가지로써 말할 수 있을 것이다. 한국에는 오래된 전통이 있고, 한국인들은 부지런할 뿐만 아니라, 이타적인 민족이라는 것도 그중 하나가 될 것이다. 한류 확산의 지속성 여부는 한국 문화의 지속적 발전 여부에 달려 있고, 한국 문화의 지속적 발전 여부는 한국인에게 달려 있다고 할 수 있을 것이다. 그리고 확산이라는 측면에서 보면, 한국의 문물이 인근 특정 국가에 확산되는 것만이 아니라 여러 국가에 확산되도록 해야 하고, 일부의 국민에게만 전파되는 것이 아니라 좀 더 많은 국민에게 확산될 수 있도록 해야 할 것이다.

(2) 다음의 단어로 위의 문형을 만들어 보십시오.

① 가다　　② 주다　　③ 확산되다　　④ 나쁘다　　⑤ 좋다

말하고 쓰기

여러분은 '한류'가 아시아 국가 상호 간의 진정한 문화 교류에 기여할 수 있다고 생각합니까? 만약 그렇다면 구체적으로 '한류'가 앞으로 어떤 방향으로 발전해야 한다고 생각합니까? 여러분의 생각을 이야기해 보십시오. 그리고 이를 간단하게 정리해 글로 써 보십시오.

제목:

13 문화재로 보는 한국역사

학습목표

1. 세계적 문화유산인 화성의 건설 배경을 이해하게 한다.
2. 자국의 대표적 문화재를 설명하는 글을 쓴다.
3. 도시의 문화적 설명에 요구되는 어휘 및 의도를 나타내는 어미와 자격을 나타내는 조사의 의미를 이해하고 사용한다.

이야기하기

1. 세계에는 유명한 도시들이 많이 있습니다. 그 도시들 중에는 자연적으로 발생한 도시도 있고, 국가의 계획에 의해 건설된 도시도 있습니다. 자연적으로 발생한 도시와 국가의 계획에 의해 건설된 도시는 각각 다음과 같은 특징을 갖고 있습니다.

자연적으로 발생한 도시	인위적으로 건설된 도시
• 강의 흐름에 따라 자연스럽게 건물이 세워짐 • 길의 모양이 복잡하고 다양함	• 길의 모양이 직선이고, 단순함 • 중심이 되는 건물이나 지표가 되는 건물이 있음

다음의 도시는 어떻게 만들어진 것 같습니까? 그 이유는 무엇입니까? 아래 도시가 건설된 배경을 알아봅시다.

1 프랑스 센강과 파리

2 바티칸 성베드로 광장

파리: 건설 배경	로마: 건설 배경

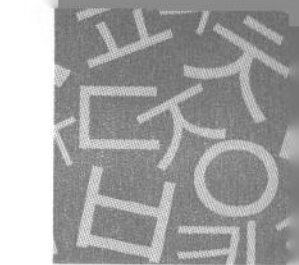

2. 다음은 한국의 도시 화성입니다. 화성은 계획된 도시입니다. 아래의 왼쪽 그림은 화성의 조감도입니다. 여러분 나라에도 역사적으로 유명한 도시가 있습니까? 화성과 어떻게 다릅니까?

한국의 화성	우리 나라의 ______________

읽기

❀ 다음을 읽고 물음에 답하십시오.

영조의 뒤를 이어 즉위한 정조(1776~1800)는 정치적 싸움에 의해 희생된 사도세자의 아들로서, 할아버지인 영조의 정치적 사상을 계승하였다. 정조는 영조와 마찬가지로 성리학을 주된 학문으로 받아들이면서도, 왕권 강화에 필요한 여러 학문을 폭넓게 받아들였다. 정조 시대는 영조 시대의 연속선상에 있으면서도 동시에 과거의 무거운 유산으로부터 벗어나려고 노력한 시기였다. 집권 초기 정조는 영조의 업적 계승과 동시에 영조 시대의 정치적 후유증으로 극복해야 하는 상황에 놓여 있었다. 영조 시대의 대표적인 후유증으로 정조의 아버지인 사도세자가 영조에 의해 죽임을 당한 사건인 임오화변(1762)을 들 수 있다.

정조는 아버지 사도세자의 명예 회복이 자신의 정통성과 관련된다는 것을 깨닫고 돌아가신 아버지에 대한 효도를 극진히 하였다. 이를 위해 정조는 1796년(정조 20년)에 양주에 있던 아버지의 무덤을 수원으로 옮겨 '현륭원'이라고 하고, 현륭원 북쪽에 새로운 도시인 화성(지금의 수원)을 건설하였다.

화성은 실학자(실학: 실생활의 유익함을 목표로 한 새로운 학문)인 유형원과 정약용이 설계하고, 거중기 등의 신기구를 이용하여 과학적이고 실용적으로 건설되었다. 특히, 서양의 건축기구들을 참고하여 만든 거중기(무거운 물건을 들어 올리는 데에 쓰던 기계로 주로 큰 건축이나 토목 공사 따위에 씀)와 녹로(높은 곳이나 먼 곳으로 무엇을 달아 올리거나 끌어당길 때 쓰는 도르래) 등을 이용하였는데, 당시로서는 최신의 과학적 공법을 총동원하여 화성을 건설한 것이다.

화성의 성벽은 서쪽의 팔달산 정상에서 길게 이어져 내려와 산세를 살려 가며 쌓았는데 크게 타원을 그리면서 도시 중심부를 싸는 형태를 띠고 있다. 화성은 왕의 별장인 행궁과 군 시설뿐만 아니라 농장 등을 갖추었고, 점차 상업도시, 농업도시, 군사도시로 키워졌다. 화성은 정조의 새로운 정치를 상징하는 시범적인 자급도시였고, 당시의 과학 기술을 쏟아 부은 실험장이었으며, 왕의 위엄을 드러내고자 건설한 신도시였다.

정조는 아버지 묘소를 참배한다는 이유로 자주 화성에 행차하였다. 약 2,000명의 수행원과 800마리의 말이 행차를 따랐고, 편의를 위해 새롭게 길을 만들고 한강에는 80척의 배를 동원해 배다리를 만들었다. 또한 행차기간 동안에는 지방 유생들 및 일반 주민들과 가까이 어울리면서 그들의 의견을 듣는 기회를 가졌다. 화성 행차를 통해 백성들의 목소리를 직접 듣는 통로를 마련한 것이다.

이상에서 살펴본 바와 같이 정조는 화성 건설을 통해 아버지 사도세자의 명예 회복과 그에 따른 자신의 정당성 제고, 국왕의 재정적 후원도시로서의 신도시 건설, 백성들과의 직접적 소통을 통해 민심을 얻는 것에 주력하였다. 정조에 의해 만들어진 화성은 과학적이고 합리적이며 실용적인 구조도 갖추고 있다. 이러한 특징으로 인해 화성은

1997년 유네스코 세계문화유산으로 등록되었고 현재까지도 관광객의 발길이 끊이지 않고 있다.

출처: 한영우(2002), 〈다시찾는 우리 역사〉, 서울: 경세원, pp. 339-342
박현모(2001), 〈정조의 정치와 수원성〉, 한국과 국제정치 16, pp. 65-98.

1. 다음 중 위의 글을 잘못 이해한 사람은 누구입니까?

① 유코: 정조는 아버지에 대한 효심이 대단한 것 같아.
② 매튜: 정조 시대에는 실용적인 학문이 발달한 것 같아.
③ 수잔: 정조가 왕위를 계승할 때 신하들의 반대가 심했을 것 같아.
④ 왕링: 정조는 영조의 정책을 비판하고 잘못된 점을 개선하려고 했을 거야.

2. 다음은 화성의 특징을 정리한 것입니다. 알맞은 내용을 쓰십시오.

	특징
형태	(1)
건축 도구	거중기와 녹로 등 신기구 이용
시설	(2)
기타	(3)

어 휘

1. 다음에 들어갈 표현을 〈보기〉에서 찾아 쓰십시오.

연속선상에 있다	발길이 끊이지 않다	쏟아 붓다
폭넓게 받아들이다	민심을 얻다	

(1) 그는 문화재 발굴에 자신의 젊은 시절의 정열을 ______________________.

(2) 설악산의 풍경은 매우 아름다워서 일 년 내내 관광객의 ______________________.

(3) 불경기가 계속되는 이 시점에서 정부는 무엇보다도 ______________________ 노력해야 한다.

(4) 그는 유익한 의견과 새로운 가치관을 가리지 않고 ______________________ 학자로 유명하다.

(5) 유가상승, 경기침체 등 지속되는 경제 문제로 세계 경제는 위기의 ______________________.

2. 다음 단어의 알맞은 의미를 찾고 문장을 만드십시오.

계승하다	총동원하다	유치하다	설치하다	행차하다

(1) 사람이나 가진 것을 어떤 일에 전부 사용하다 (   )

(2) 어떤 목적에 유용하게 쓰기 위하여 기계나 장치 등을 만들어서 두다 (   )

(3) 선대의 업적, 유산, 전통 따위를 이어받다 (   )

(4) 행사나 사업 따위를 이끌어 들이다 (   )

(5) 어른이나 지위가 높은 사람이 길을 가다 (   )

(1) ____.

(2) ____.

(3) ____.

(4) ____.

(5) ____.

3. 나라마다 유명한 도시들이 있습니다. 다음은 세계적으로 유명한 도시와 그 도시를 설명한 것입니다. 알맞은 것끼리 연결하십시오.

(1) 경주(한국)	① 현재 국가의 수도로 민주주의, 철학, 올림픽 등 인류 정신문명을 이끈 곳이다.
(2) 아테네(그리스)	② 고대부터 당나라까지 국가의 수도였던 곳으로 진시황릉으로 유명하다.
(3) 이스탄불(터키)	③ 15, 16세기 잉카 제국의 수도였던 도시로, 도시 전체가 퓨마 모양을 하고 있다.
(4) 시안(중국)	④ 천 년 전 신라의 수도로, 아직도 당시의 문화재들이 많이 남아 있다.
(5) 쿠스코(페루)	⑤ 동서양이 만나는 도시로 4~15세기 비잔틴 제국의 수도였다.

1 경주

2 아테네

3 이스탄불

4 시안

5 쿠스코

문 법

1. (으)로 인하다

주로 '(으)로 인해', '(으)로 인한' 구성으로 쓰여 어떤 일의 원인이나 이유가 됨을 나타낸다.

예 이러한 특징으로 인해 화성은 1997년 유네스코 세계문화유산으로 등록되었고 현재까지도 관광객의 발길이 끊이지 않고 있다.

연습 다음 문장을 완성하십시오.

(1) ____________________(으)로 인해 교통이 마비되었다.

(2) ____________________(으)로 인해 내 인생이 바뀌었다.

(3) ____________________(으)로 인해 우리 학교가 유명해졌다.

(4) ____________________(으)로 인한 교통사고가 많이 발생한다.

(5) ____________________(으)로 인한 피해를 입은 사람들에게 정부가 보상을 해 주기로 했다.

보충 및 심화

'(으)로 인해'는 '(으)로 해서'나 '(으)로'로도 큰 의미 차이 없이 바꿀 수 있고 '(으)로 인한' 구성은 '(으)로 생긴/발생한'으로도 사용할 수 있다.

예 이러한 특징으로 인해 화성은 1997년 유네스코 세계문화유산으로 등록되었고 현재까지도 관광객의 발길이 끊이지 않고 있다.
이러한 특징으로 화성은 1997년 유네스코 세계문화유산으로 등록되었고 현재까지도 관광객의 발길이 끊이지 않고 있다.

2. -고자

동사 뒤에 쓰여 행동의 목적을 나타낸다.

예 화성은 왕의 위엄을 드러내고자 건설한 신도시였다.

연습 다음 문장의 앞부분에 들어갈 말을 써 보십시오.

(1) ____________________ 선생님을 찾아뵈었다.

(2) ____________________ 열심히 노력하고 있다.

(3) 옛날 사람들은 ____________________ 강 근처에서 살았다.

(4) 오늘 저희 두 사람은 여러 하객들을 모시고 ____________________ 합니다.

(5) 다음 장에서는 유네스코 세계 문화유산 제정의 의의에 대해서 ____________________ 합니다.

보충 및 심화

1. '-고자'는 앞에 오는 문장과 뒤에 오는 문장의 주어가 같은 경우에만 쓸 수 있다.

예 나는 부자가 되고자 열심히 일하였다.
나는 부자가 되고자 그가 열심히 일하였다. (×)

2. '-고자' 앞에는 과거를 나타내는 '-었/았-'이나 미래를 나타내는 '-겠-'과 함께 쓸 수 없다.

예 나는 부자가 되었고자 열심히 일하였다. (×)
나는 부자가 되겠고자 열심히 일하였다. (×)

3. '-고자'가 '-고자 하다' 구성으로 쓰이면 어떤 행위를 하려는 의도나 희망을 가지고 있음을 나타낸다.

예 내가 지금 말하고자 하는 것은 우리의 미래와 관련되어 있습니다.

3. 관형사의 순서

하나의 명사를 둘 이상의 관형사가 꾸며주는 경우 일정한 순서를 따른다.

(1)	① 이/그/저	② 새/옛	③ 명사		
(2)	① 이/그/저	② 한/두/세/네	③ 명사		
(3)	① 이/그/저	② 한/두/세/네	③ 명/곡/잔/그릇	④ 명사	
(4)	① 이/그/저	② 새/옛	③ 명사	④ 하나/둘/셋	
(5)	① 이/그/저	② 새/옛	③ 명사	④ 한/두/세/네	⑤ 개/명/곡/벌

예 이 새 옷 (○)　　새 이 옷 (×)
그 옛 노래 한 곡 (○)　　그 옛 두 곡 노래 (×)

문 법

연습 (　　)에 있는 말을 순서에 맞게 ________ 에 배열해 써 보십시오.

(1) (학생, 세, 저) ______________________ 은/는 시험을 보지 않아도 된다.

(2) (옛, 저, 선율) ______________________ 은/는 노년층의 향수를 불러일으켰다.

(3) (그, 두, 새, 벌, 옷) ______________________ 은/는 선물할 것이니 잘 포장해 두세요.

(4) (옛, 그, 물건, 하나) ______________________ 이/가 가슴 아픈 옛사랑을 떠올리게 했다.

(5) (세, 가지, 이, 특징) ______________________ 은/는 화성이 세계문화유산으로 지정되는 데 결정적 역할을 했다.

문형학습

【문형 35】 [I]이 [문] 용언 +【문형 36】 [I]이 [[동] / [형]는 / 은 / 을] [의] 용언
【문형 37】 [I]이 [[동] / [형] / [명]는/은] 용언

예 1

(1) 외국으로 떠나 버릴까 보다.
　한 대 때릴까 보다.

(2) 나는 잠이 안 깬 척했다.
　문화재는 그 나라의 역사적 문화유산을 보여 주는 척하기도 하고, 감추는 척하기도 한다.

예 2

(1) 아래의 지문에서 위에 제시한 문형을 찾아보십시오.

한 나라의 문화유산은 그 나라의 문화재에 가장 잘 반영되어 있다고 할 수 있다. 한국은 반만 년 정도의 역사를 가지고 있기 때문에 한국의 곳곳에 흩어져 있는 문화유산을 통해 한국의 역사를 살펴볼 수 있다. 고대의 고조선에서 시작하여 고구려·신라·백제 등을 거쳐 통일신라·고려·조선의 역사를 유적으로부터 추적해 볼 수 있는 것이다. 그래서 우리 일행은 천 년 왕국을 유지하면서 세계적인 문화유산을 곳곳에 구축한 신라 시대의 유적을 탐사하고자 경주로 향하였다.

경주에서 가장 유명한 절이 불국사인데 불국사는 통일신라 경덕왕 10년(751) 김대성의 발원에 의해 창건된 사찰이다. 우리나라의 대표적인 석탑인 다보탑과 석가탑(불국사삼층석탑, 국보 제21호)이 절 내의 대웅전과 자하문 사이의 뜰 동서쪽에 마주 보고 있는데, 동쪽 탑이 다보탑이고 서쪽 탑이 석가탑이다. 불국사의 예배공간인 대웅

전과 극락전에 오르는 길의 동쪽에는 청운교와 백운교가 있고, 서쪽에는 연화교와 칠보교가 있다. 연화교와 칠보교는 서방 극락세계를 깨달은 사람만이 오르내리던 다리라고 전해지고 있다. 경주의 문화유산에서 빼놓을 수 없는 것이 석굴암인데 석굴암 역시 신라 경덕왕 10년(751년)에 당시 재상이었던 김대성이 창건을 시작하여 혜공왕 10년(774년)에 완성하였으며, 건립 당시에는 석불사라고 불렀다.

(2) 다음의 단어로 위의 문형을 만들어 보십시오.

① -듯하다 ② -척하다 ③ -뻔하다 ④ -만하다 ⑤ 싶다

말하고 쓰기

여러분 나라의 대표적 문화유산을 소개하는 글을 써 보십시오. 글을 쓰기 전에 먼저 그 문화유산의 형성 배경, 시기, 특징 등에 대해서 조사하여 간략한 개요를 작성하고, 글로 옮겨 보십시오.

1. 개요를 작성해 보십시오.

2. 1에서 작성한 개요를 토대로 글을 써 보십시오.

제목:

14 세계화와 국제관계

학습목표

1. 국제기구의 종류와 성격에 대해서 알아보고 그 특성과 역할에 대하여 이해하게 한다.
2. 세계화의 장단점에 대해서 토론하고 현대 사회의 국제관계에 대한 견해를 표현한다.
3. 국제관계와 관련된 어휘 및 표현을 이해하고 비교·대조할 때 사용하는 문법을 활용하여 말한다.

이야기하기

1. 여러분은 UN, EU에 대해 들어본 적이 있습니까? UN과 EU는 어떤 단체입니까?

UN기

EU기

2. 여러분 국가에 직접적으로 영향을 준 국제기구에 대해서 설명하고 그 기능에 대해 평가해 봅시다.

기구 1	
기구 2	

읽 기

✿ 다음을 읽고 물음에 답하십시오.

오늘날 세계 곳곳에서 일어나는 정치·경제적 문제는 과거에 생각했던 것과는 달리 더 이상 그 지역만의 문제가 아니다. 최근 몇몇 지역에서 발생한 사태는 국제적 해법이 얼마나 효과적인가를 잘 보여 줌으로써 이를 증명한다. 태국의 외환 보유액이 급격히 떨어지면서 시작된 아시아 지역의 경제 위기는 국제통화기금(IMF)의 적극적 개입이 없었더라면 세계경제를 동반위기로 몰고 갈 수도 있었다. 또 코소보와 동티모르 같은 작은 지역의 인도주의적 위기는 유엔과 나토(NATO)의 즉각적인 군사적 대응을 불러올 정도로 심각한 불안요소로 간주된다.

세계 공동체 시대에는 과거보다 훨씬 긴밀한 국제관계가 요구된다. 따라서 한 국가의 문제조차도 국제질서에 의해 강력한 영향을 받게 마련이다. 그러나 국제질서가 민주주의적 절차에 따라 만들어질 수 있는 구조가 아직 형성되지 않았다는 것은 대단히 큰 문제점으로 지적되고 있다.

필자들은 국제관계에 민주주의적 원칙을 정착시키기 위해서는 '지구의회(Global People's Assembly)'의 창설이 가장 효과적인 방법이라고 믿는다. 궁극적으로 모든 정치적 권위는 정부가 아닌 일반 대중으로부터 비롯된다는 민주주의적 원칙에 근거한다면 세계 시민의 결집은 정당한 권리행사이다.

세계화가 진행되면서 국가를 초월한 일종의 '지구 시민사회'가 형성되고 있다. 초국적 기업을 비롯해 언론·노동·문화·종교 등에 관련된 비정부 민간조직(NGO)이 세계적으로 확산되고 있으며 엄청난 부와 영향력을 지닌 코스모폴리탄적 '지구시민'도 생겨나고 있다. 미래에 대한 혜안을 지닌 몇몇 정부들이 도와준다면 이들 단체와 시민들은 지구의회를 조직해낼 수 있을 것이다.

지구의회를 조직하기 위한 첫 단계는 저명한 종교 지도자나 노벨상 수상자 등 도덕적으로 권위 있는 인사들이 나서 전 세계인들에게 이 같은 조직의 필연성을 호소하는 것이다. 이 같은 움직임이 체계적으로 이루어지고 성공한다면 조직을 결성하는 데 필요한 자금도 모을 수 있다. 많은 국가들이 정부의 맹목적 절대주의에 맞서 민권을 대표하는 의회를 수립하기 위해 수세기에 걸쳐 격렬한 투쟁을 벌여 왔다. 이에 비하면 지구의회의 결성은 훨씬 온건한 방법이다.

지구의회가 발족되면 국제적십자회, 국제사면위원회, 국제올림픽위원회 등의 경우와 같이 국제사회로부터 합법적인 지위를 얻을 수 있다. 그러나 지구의회는 세계 모든 사람들의 목소리를 대표한다는 점에서 이들 단체와는 분명히 다른 성격을 가진다.

영국 의회는 비공식적 자문단체에서 출발했음에도 불구하고 결국 국민을 대표하는 유일한 대표기관으로 자리 잡았으며 유럽연합(EU) 위원국의 국민을 대표하는 유럽의회도 점차 영향력을 확대하고 있다. 이 같은 사실은 지구의회의 창설이 결코 불가능하지 않다

는 것을 보여 준다.

지구의회에 처음부터 큰 기대를 할 수는 없을지도 모른다. 그러나 상당한 기간에 걸쳐 인정받을 수 있는 단체로서 그 존재를 확립시킨다면, 정부기관과 언론에 대해 영향력을 행사할 수 있고 유엔체제 속에 공식적인 단체로의 편입을 모색할 수도 있을 것이다.

지구의회는 전 세계적으로 중요한 의미를 가지는 문제와 정책들에 대해 자기 목소리를 내면서 세계화 시대에 맞는 규범을 만들어 낼 것이다. 사회정의를 옹호하는 단체로 기능할 뿐 아니라 더욱 평화적인 세계 질서를 발전시키는 데도 크게 기여할 수 있다.

출처: 리처드 폴크(미 프린스턴대 교수)·앤드루 스트라우스(미 워드너대 교수),
박만경 편저(2003), 〈한자읽기혁명–한국명칼럼읽기〉, 서울: 자우출판사, pp. 169-171

1. '지구의회'의 필요성에 대해 요약해 보십시오.

(1) ______________________________.

(2) ______________________________.

(3) ______________________________.

2. 이 글에서 필자가 이야기하고자 하는 것은 무엇입니까?

① 국제정치에 민주주의적 가치관을 적용시켜야 한다.
② 국제사회의 새 질서를 위해서 지구의회 창설은 필수적이다.
③ 국제사회의 경제적 위기 극복을 위해서 국제통화기구의 설치가 요구된다.
④ 유럽의회도 영국 의회처럼 비공식 자문단체의 성격을 벗어나 영향력을 확대해야 한다.

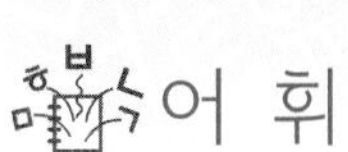

어 휘

1. 다음 밑줄 친 표현과 같은 의미를 고르십시오.

(1) 군사적 대응을 불러올 정도로 심각한 불안요소로 간주된다.

① 생각되거나 판단된다　　② 정도가 더 심해진다

(2) 이 글의 필자들은 민주주의적 원칙을 정착시키기 위해서는 '지구의회'의 창설이 가장 효과적이라고 본다.

① 문제가 없어지게 하기 위해서는　　② 사회적으로 받아들이기 위해서는

(3) 세계 곳곳에서 많은 사람들이 자신이 속한 집단과 국가의 이익을 위해 투쟁을 벌이고 있다.

① 포기하고 있다　　② 싸우고 있다

(4) 국제사회로부터 합법적인 지위를 얻을 수 있다.

① 법 또는 규범에 맞는 위치　　② 원칙에서 벗어난 위치

(5) 세계질서를 발전시키는 데도 크게 기여할 수 있다.

① 도움을 줄 수 있다　　② 여러 가지로 생각하여 찾을 수 있다

2. 다음에서 알맞은 의미를 찾아 짧은 글을 만드십시오.

창설하다	대표하다	수립하다	결성하다	옹호하다

(1) 조직이나 단체를 처음으로 만들거나 세우다 (　　　)

(2) 모임이나 단체를 조직하다 (　　　)

(3) 어떤 단체나 집단의 의사를 대신하다 (　　　)

(4) 국가나 정부 제도, 계획 등을 세우다 (　　　)

(5) 편을 들어 지지하고 보호해 주다 (　　　)

(1) ________________________________

________________________________.

(2) ________________________________

________________________________.

(3) ________________________________

________________________________.

(4) ____

____.

(5) ____

____.

3. 세계화 시대가 되면서 '국제'가 들어간 단어가 많이 사용되고 있습니다. '국제'로 시작하는 단어와 기구 이름들을 생각해 봅시다.

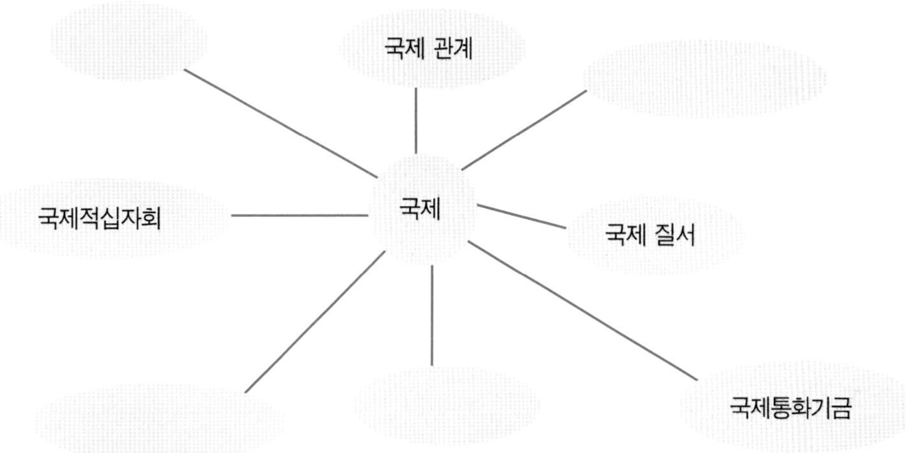

문 법

1. 와/과는 달리

명사 뒤에 붙어서 설명하고자 하는 대상이 '와/과는 달리' 뒤에 연결되는 대상과 차이점이 있음을 나타낸다.

예 세계 곳곳에서 일어나는 정치· 경제적 문제는 과거에 생각했던 것과는 달리 더 이상 지역적인 문제가 아니다.

연습 '와/과는 달리'를 사용하여 다음 문장을 완성하십시오.

(1) 동대문 시장 / 남대문 시장

동대문 시장은 ______________________________.

(2) 우리나라 사람 / 한국 사람

우리나라 사람은 ______________________________.

(3) 내 친구 / 나

내 친구는 ______________________________.

(4) 아버지 / 어머니

아버지는 ______________________________.

(5) 한국어 / 우리나라 말

한국어는 ______________________________.

2. -(으)ㅁ에도 불구하고

동사나 형용사 뒤에 붙어서 앞 내용을 인정하지만, 그에 매이지 않는다는 의미를 지닌다.

예 영국 의회는 비공식적 자문단체에서 출발했음에도 불구하고 결국 국민을 대표하는 유일한 대표기관으로 자리 잡았다.

연습 다음 문장을 완성하십시오.

(1) 국민들이 반대 시위를 했음에도 불구하고 ______________________________.

(2) 지구촌이 하나라는 인식이 확산되었음에도 불구하고 ______________________________.

(3) ______________________________ 낯설지가 않았다.

(4) ______________________________ 두 국가 간의 관계는 호전되지 않았다.

(5) 우리나라는 ______________ 에도 불구하고 ______________.

보충 및 심화

'-(으)ㅁ에도 불구하고'는 큰 의미 차이 없이 '-(으) ㄴ/는데도 불구하고'로 바꿔 쓸 수 있고 '-(으)ㅁ에도'만 혹은 '-(으) ㄴ/는데도'만으로도 사용할 수 있다.

예 영국 의회는 비공식적 자문단체에서 출발했음에도 불구하고 결국 국민을 대표하는 유일한 대표기관으로 자리 잡았다.
영국 의회는 비공식적 자문단체에서 출발했는데도 불구하고 결국 국민을 대표하는 유일한 대표기관으로 자리 잡았다.
영국 의회는 비공식적 자문단체에서 출발했음에도 결국 국민을 대표하는 유일한 대표기관으로 자리 잡았다.
영국 의회는 비공식적 자문단체에서 출발했는데도 결국 국민을 대표하는 유일한 대표기관으로 자리 잡았다.

3. 주격조사의 생략

한국어 문장에서 격조사와 접속조사는 생략되는 경우가 많으나 다음의 경우에는 주격조사를 생략할 수 없다.

① 서술어가 필요로 하는 필수 성분 중 다른 성분이 이미 생략된 경우

예 친구가 (나에게) 선물을 주었습니다.

② 여러 가지 가능성 중 특정한 것을 지정하여 말할 경우

예 동생이 나보다 그림을 더 잘 그려요.

③ 그 뜻을 강조할 경우

예 이 일에는 우리 젊은 사람들이 나서야 합니다.

④ 주어를 수식하는 말이 길 경우

예 공부 잘하는 네가 그런 쉬운 문제를 못 풀다니.

문 법

연습 다음 중 주격조사가 잘못 생략된 문장을 모두 고르고 잘못 생략된 주격조사를 써 넣으십시오.

(1) 너 나 찾았니?

(2) 선생님 지금 막 인천공항에 도착하셨대요.

(3) 그런 사람 어떻게 큰일을 할 수 있겠어?

(4) 공부 잘하는 수미 그런 쉬운 문제를 못 풀다니.

(5) 이 옷은 내가 입학했을 때 어머니 입학 선물로 사 주신 거야.

문형학습

【문형 38】 ①이 [통게] 용언
【문형 39】 ①이 [통지] 용언
【문형 40】 ①이 [통고] 용언

예 1

(1) 기업은 해외에서 마음대로 활동할 수 있게 그냥 두어야 한다.
아이들이 맘대로 놀게 하세요.

(2) 국제관계에서 가장 중요한 것은 폐쇄하지 않는 것이다.
동생은 내가 눈치 채지 못하게 숨어서 울고 갔다.

(3) 장관이 기자 회견장에서 세계화에 대한 질문을 듣고 당황해 했다.
황당한 일을 당하고 보니 장관은 갑자기 눈앞이 캄캄해졌다고 하더라.

예 2

(1) 아래의 지문에서 위에 제시한 문형을 찾아보십시오.

세계화는 두 가지 방향을 가진다. 하나는 내적인 방향에서의 세계화요, 다른 하나는 외적인 방향에서의 세계화이다. 내적인 세계화는 세계적인 것을 수용하여 내부적인 정비를 하는 것이고 외적인 세계화는 한국적인 것을 세계적으로 확산하는 것이다.

1970년대부터 대두된 신자유주의는 케인스 이론을 도입한 수정자본주의와 달리

자유방임주의를 주장한다. 케인스의 수정자본주의가 인류 사회의 발전에 큰 기여를 했음에도 불구하고, 새로운 시대에 맞는 새로운 이론으로 시카고 학파에서 주장한 것이다. 이들은 국가 권력이 시장에 개입하는 것을 반대하고 시장이 제 스스로 그 기능을 자유스럽게 수행하기를 주장한다. 그리고 민간이나 기업은 국가의 간섭을 받지 않고 자유스럽게 활동하기를 원한다. 이 여파로 국가 위주의 경제에서 국가의 통제를 받던 기업이 경제 활동이 자유스러운 외국에 근거지를 복합적으로 두는 다국적 기업이 대두되고, 다국적 기업을 중심으로 지구촌에는 새로운 국제적 경제 사회가 창출되는 것이다.

한국의 경우 국제화가 가장 두드러지는 분야는 정치경제 부문이다. 분단이라는 숙명적 조건과 그로 인한 국제관계 그리고 경제와 무역에서 차지하는 대외 의존도 등이 국제적 연계성에 의해 크게 영향 받기 때문이다. 문화적 국제화 또한 끊임없이 진행되어 온 것인데, 오늘날 정보 통신의 혁명으로 인하여 그 속도가 빨라지고 있다.

한국이 새로운 국제관계에서 효과적으로 대처하기 위해서는 다른 나라와의 국제적인 관계를 제대로 구축하는 것이 필요하다. 경제적인 측면에서 한국은 손해가 생기는 분야의 반대가 있음에도 불구하고, 많은 나라와 자유 무역 협정을 성사시키기 위해 노력 중이다. 이것은 한국이 과거와 달리 세계화에 대해 자신감을 가지고 국제관계에 능동적으로 임할 수 있는 능력을 가졌다는 것을 의미한다.

(2) 아래의 단어로, 각 단어별로 위의 세 문형을 만들어 되는 경우와 안 되는 경우를 비교해 보십시오.

① 두다 ② 말라 / 말았다 ③ 살다 ④ 있다 ⑤ 않다 / 못하다

말하고 쓰기

※ 여러분은 세계화를 지지합니까? 아니면 반대합니까? 여러분의 생각을 정리하여 찬반 토론을 해 보십시오. 그리고 이를 간단하게 정리해 글로 써 보십시오.

1. 토론 내용을 메모해 보십시오.

2. 1에서 메모한 내용을 정리하여 글로 써 보십시오.

제목:

15 한국 문학의 이해

학습목표

1. 한국 현대 소설의 흐름을 통해 한국 문학을 이해하게 한다.
2. 한국 현대 문학 중 한 작품을 선택해 읽고 감상문을 쓴다.
3. 한국 문학과 관련된 어휘를 이해하게 하며, 한국어 문장에서 생략된 성분을 이해하고 활용한다.

이야기하기

1. 여러분이 읽은 문학 작품 중 가장 기억에 남는 작품은 무엇입니까? 그 작품이 인상 깊게 남은 이유는 무엇인지, 어떤 내용인지 함께 이야기해 봅시다.

작품의 갈래	시, 소설, 수필, 희곡 (기타:)
작품의 제목	
인상 깊은 이유	
작품의 내용	

이야기하기

2. 문학은 한 시대의 사회적 상황과 모습을 담아내며, 우리는 문학을 통해 경험해 보지 못한 과거의 사회와 역사를 경험할 수 있습니다. 한국의 현대 문학도 한국의 역사적인 상황과 관련되어 있습니다. 다음에 제시하고 있는 한국의 역사적 상황을 이해한 후 각 시대적 상황에 따른 문학의 경향과 내용을 추측해서 이야기해 봅시다.

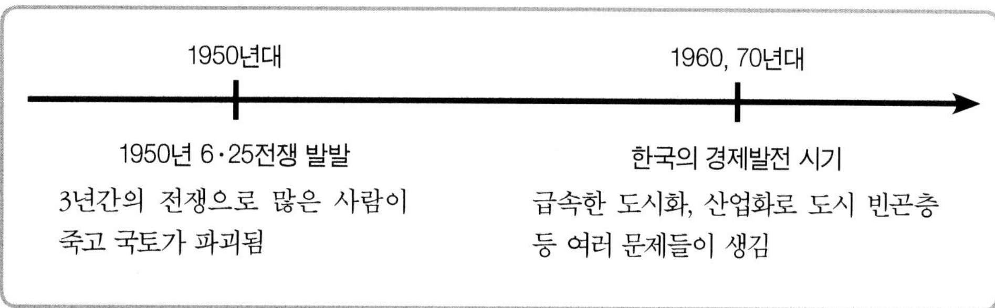

시기	문학의 경향과 내용
1950년대	
1960, 70년대	

읽 기

✿ 다음을 읽고 물음에 답하십시오.

한국 문학은 개화기를 기점으로 현대 문학과 고전 문학으로 나누어진다. 역사에서 근대와 현대가 나누어져 있는 것처럼 문학 또한 근대 문학과 현대 문학을 구분해서 사용해야 하나 이 글에서는 편의상 현대 문학을, 근대 문학을 포함하는 용어로 사용하기로 한다.

현대 문학은 불행히도 일본 제국주의 식민 통치 아래에서 형성되어 전개되었다. 1945년 이전의 문학이 조국의 독립과 근대화를 기원한 문학이라면, 1945년 이후의 문학은 6·25 전쟁과 남북 분단이라는 비극적 현실을 담은 동시에 통일을 지향한 문학이다. 광복 후 우리 국민은 남북 분단, 전쟁, 가난, 혁명, 근대화, 독재 정치, 민주화 운동 등 다른 나라에서는 찾아보기 힘든 사건들을 겪었다. 한국 현대 문학은 이러한 사건들의 실상을 그려 내고 의미를 밝히는 데 힘써 왔다. 그러면서 발전된 한국 사회의 모습과 질적으로 향상된 개인의 삶을 그려 내기도 했다.

먼저 개화기의 소설은 고전 소설과 현대 소설의 징검다리 역할을 했다. 이인직의 '혈의 누', 이해조의 '자유종' 등의 신소설은 개화사상, 교육입국 등을 적극적으로 수용할 것을 권장하면서 소설 양식의 사회적 기능을 확대시켰다. 그러나 국권 상실 이후 정치적 성격은 줄어들고, 가정 문제에 더 큰 관심을 두면서 흥미 위주로 변질되었다.

개화기 소설과 리얼리즘을 기반으로 한 1920년대 소설 사이에 이광수의 '무정'이 있다. '무정'은 주제와 구조면에서 '현대 소설다움'을 갖춘 최초의 소설로서 한국 현대 소설의 형성과 전개 과정에 있어 출발의 이정표가 된다.

1920년대에는 가난을 소재로 한 소설들이 많이 창작되었다. 이러한 작품에는 식민지 통치 아래 한국인의 비참한 삶을 그린 현진건의 '운수 좋은 날', 염상섭의 '만세전', 농민의 굶주린 모습을 그린 이기영의 '가난한 사람들', 도시 노동자들의 고통스러운 삶을 그린 주요섭의 '인력거꾼' 등이 있다.

1920년대 소설이 리얼리즘이 주류를 이루었던 것과는 달리 1930년대 소설은 리얼리즘과 모더니즘이 비슷한 힘으로 양분된다. 이기영, 김남천 등과 같은 작가는 두 차례에 걸친 감옥살이를 하면서도 당시의 비참한 현실을 있는 그대로 그려 내고자 했다. 모더니즘 소설에는 인간 내면의 분열을 그린 이상의 '날개', 도시인의 모습을 그리는 데 힘쓴 박태원의 '소설가 구보 씨의 일일' 등이 있다.

1930년대 소설이 보여 준 또 하나의 큰 특징은 역사 소설, 가족사 소설, 농촌 소설 등 다양한 소설 유형이 나타났다는 점이다. 역사 소설에는 김동인의 '운현궁의 봄', 현진건의 '무영탑' 등이 있으며, 우리 민족의 역사가 압축되어 나타나는 가족사 소설에는 염상섭의 '삼대', 채만식의 '태평천하' 등과 같은 명작이 있다. 농촌 소설을 쓴 대표적인 작가 심훈은 '상록수'를 통해 일제 강점기 한국 농촌의 비참하고 고통스러운 현실을 그리는 데 멈추지 않고, 야학·문맹 퇴치·이상촌 건설 등과 같은 적극적인 현실 타개책까지 제시했다.

광복 직후 소설에는 일제의 포악함과 당시 한국인의 참혹한 실상을 드러낸 작품, 채만식의 '민족의 죄인'처럼 일제 강점기 때 자신의 친일 행위를 비판한 작품, 염상섭의 '효풍'

등과 같이 38선이 그어진 현실의 불안감과 단절감을 표현한 작품 등이 있다.

1950년대 소설은 전시 소설(1950~1953)과 전후 소설(1954~1959)로 나누어진다. 전시 소설은 보고 문학의 형식을 통해 적개심 표출, 반공주의 등의 내용을 주로 다루었다. 전후 소설에는 이념 대립보다는 인간과 사랑이야말로 소중한 것이라고 말하는 선우휘의 '불꽃'이나, 이범선의 '오발탄'처럼 전쟁이 끝난 후 절망적인 상황에 빠져 병적인 심리 상태와 행동을 보이는 한국인의 모습을 그려 낸 작품도 있다. 1950년대 문제작들이 그려 낸 것은 가난, 부조리, 병, 불신 등이었다. 전후 소설이 내보인 상처, 한, 죄의식, 허무감 등은 1960년대와 1970년대 작가들이 계속 다루었다. 그러면서도 작가들은 한편으로는 휴머니즘이라든가 윤리 의식으로 우리 사회의 회복을 꾀하였다.

한국 현대 문학은 험난한 한국 현대사 속에서 전개되었다. 일제 식민 통치 아래에서도, 6·25 전쟁의 와중에서도, 독재 정치 아래서도 한국의 시인과 소설가들은 인간다운 삶을 회복하고 건강하고 가치 있는 사회를 건설하기 위해 노력했다. 작가들은 글을 통해 이러한 생각과 의지를 펼쳤는가 하면, 직접 일제에 저항하고, 전쟁에 뛰어들면서 어두운 정치 현실에 맞서 싸우기도 했다. 한국 현대 문학의 전개 과정을 보면 문학의 힘이 참으로 큰 것임을, 또 한국 문인들이 문학의 기능을 크게 행사하였음을 알게 된다. 한국 현대 문학은, 문학이 작게는 사람들에게 위안을 주고 크게는 현실 개혁까지 꾀할 수 있는 것임을 증명해 주었다.

출처(참고로 해서 수정): 조남현, 〈한국 현대 문학의 흐름〉, 중학교 3학년 국어 교과서
서종택·정덕준, 〈한국 현대소설연구〉, 새문사

1. 다음은 윗글을 읽고 각 시대별 문학적 특징과 작가, 작품을 정리한 것입니다. 빈 칸에 들어갈 내용을 써 넣으십시오.

시대별 소설	문학적 특징	작가 및 작품
개화기 신소설	• 고전 소설과 현대 소설의 징검다리 역할 • 개화사상, 교육입국 등의 내용 • 국권 상실 후 정치적 성격 줄어들고 흥미 위주로 변질됨	• 이인직 〈혈의 누〉 • 이해조 〈자유종〉
1920년대 소설		

읽 기

시대별 소설	문학적 특징	작가 및 작품
1930년대 소설		
광복 이후 소설	• 전시 소설 –	
	• 전후 소설 –	

2. 윗글의 제목으로 알맞은 것을 고르십시오.

① 한국 현대 문학의 작가
② 한국 현대 소설의 흐름
③ 한국 전후 문학의 특징
④ 한국의 고전문학과 현대문학

3. 다음 중 현대 소설에 대한 설명이 잘못된 것은 무엇입니까?.

① 농촌 소설에서는 농촌의 현실을 그리는 데에서 나아가 야학, 문맹퇴치 등과 같은 현실 타개책을 제시하고 있다.
② 개화기 소설은 개화사상을 적극적으로 전함으로써 소설 양식이 가지는 사회적 기능을 잘 보여준다.
③ 모더니즘 소설은 농민이나 도시 노동자들의 고통스러운 삶을 있는 그대로 그린 소설을 말한다.
④ 전후 소설에서는 전쟁 후 절망적인 상황에 빠진 사람들의 모습을 잘 그려내고 있다.

1. 다음에서 알맞은 것을 골라 문장을 완성하십시오.

이념	분열	개화기	근대화	제국주의

(1) 상하이는 중국의 ____________________ 에 가장 먼저 서구문물이 들어왔던 곳이라서 볼거리도 많다.

(2) 종교문제는 나라가 ____________________ 될 수 있는 중요한 요인이 되기도 한다.

(3) 19세기 말은 서양 ____________________ 에 의해 아시아와 아프리카 대부분이 식민지 혹은 종속국이 되는 시기였다.

(4) 청계천은 복개 이후 70~80년대를 거치면서 우리나라의 산업화와 ____________________ 의 상징이 되었다.

(5) 정치성이나 ____________________ 을/를 떠나 한일 양국 어린이들이 서로를 이해하고 우정을 쌓아갈 수 있도록 상호방문 행사를 하는 학교가 있다.

2. 다음에서 알맞은 의미를 찾아 연결하고 이 단어를 사용하여 문장을 만들어 보십시오.

ㄱ. 꾀하다 • • ① 바라는 일이 이루어지기를 빌다

ㄴ. 기원하다 • • ② 어떤 목표로 뜻이 쏠리어 향하다

ㄷ. 지향하다 • • ③ 둘로 갈라지거나 나누어지다

ㄹ. 변질되다 • • ④ 어떤 일을 이루려고 뜻을 두거나 힘을 쓰다

ㅁ. 양분되다 • • ⑤ 성질이 다른 어떠한 것으로 변하게 되다

(1) ____.

(2) ____.

(3) ____.

(4) ____.

(5) ____.

3. 다음 보기에서 감정 관련 단어에 대한 설명이 맞는 것을 찾아 쓰십시오.

단절감	허무감	적개심	죄의식	불안감

(1) 적에 대하여 느끼는 분노와 증오 (　　　　　　)

(2) 유대나 연관 관계가 끊어진 느낌 (　　　　　　)

(3) 자신의 행동을 죄악으로 여기는 감정 (　　　　　　)

(4) 마음이 놓이지 않고 조마조마한 느낌 (　　　　　　)

(5) 무가치하고 무의미하게 느껴져 쓸쓸함을 느낌 (　　　　　　)

4. 다음 보기에서 단어를 찾아 문맥에 맞게 쓰십시오.

험난하다	권장하다	굶주리다	참혹하다	증명하다

(1) 정부에서 저출산 문제를 해결하기 위해 아이 낳기를 ________________ 정책을 세우고 있다.

(2) 전쟁의 ________________ 을 당해 보지 않은 사람은 그 고통을 알 수 없을 것이다.

(3) 그 기관은 아프리카에서 ________________ 아이들을 도와주기 위한 모금을 하고 있다.

(4) 전쟁을 겪은 부모님 세대들은 이별의 고통과 가난을 견뎌야 하는 ________________ 세월을 살아왔다고 한다.

(5) 그 충돌사고가 내 잘못이 아님을 ________________ 목격자를 찾기로 했다.

1. -(이)야말로

명사 뒤에 붙어 그 말을 강조하여 확인하는 뜻을 나타낸다.

예 그 친구야말로 정말 천재이다.

연습 다음에서 서로 관계가 있는 문장을 찾아 한 문장으로 만드십시오.

ㄱ. 건강	① 진정한 앎이 된다.
ㄴ. 세종대왕	② 미래의 보물이다.
ㄷ. 건조한 공기	③ 초겨울 건강 최대의 적이다.
ㄹ. 스스로 배우고 깨우치는 것	④ 가장 중요하고 기본적인 삶의 조건이다.
ㅁ. 꿈을 가지고 성장하는 어린이들	⑤ 진정으로 백성을 위해 힘썼던 지도자라 할 수 있다.

(1) 건강이야말로 가장 중요하고 기본적인 삶의 조건이다 .

(2) ______________________________ .

(3) ______________________________ .

(4) ______________________________ .

(5) ______________________________ .

2. -(으)ㄴ가 하면

앞 문장과 뒤 문장의 대립된 상황을 나타내거나, 앞 문장의 내용이 주제 전체를 지배하지 못하므로 한편으로 뒤 문장의 내용도 존재함을 나타낸다.

예 물건 값이 이곳이 싼가 하면 저곳은 비싸다.
그 선수는 체력도 좋고 경기 운영도 잘 하는가 하면 노력도 많이 하는 것으로 평가 받고 있다.

연습 다음 문장을 완성해 보십시오.

(1) 이 방은 ______________________ 저 방은 더럽다.

(2) 오늘 개봉한 이 영화가 ______________________ 재미없다고 말하는 사람도 있다.

(3) 앞으로 세계 경제가 ______________________ 더 안 좋아질 것이라고 예측하는 사람도 있다.

(4) 그 아이는 댄스가수의 동작을 그대로 ______________________ 자기 식으로 즉흥 댄스를 추기도 했다.

(5) 오이는 배추김치처럼 ______________________ 소금이나 식초에 절여 먹기도 한다.

3. 문장 성분의 생략(주어, 목적어, 서술어)

한국어 대화 상황에서 말하는 사람과 듣는 사람이 주어가 무엇인지, 목적어가 무엇인지 알고 있는 경우에 그 주어나 목적어를 생략하여 말하는 경우가 많다. 또는 같은 성분이 앞 문장에서 되풀이될 때에도 일반적으로 주어나 목적어는 생략할 수 있다.

예 손님: 이 수박 얼마예요?
점원: (수박 가격이) 만 이천 원이에요.
손님: (수박 가격이) 왜 이렇게 비싸요? (가격을) 조금만 깎아 주세요.
점원: 그럼 (이 수박 가격을) 만 원에 가져가세요.

또한 앞의 문맥에 의해 생략된 서술어가 무엇인지 알 수 있을 때 서술어 역시 생략할 수 있다.

예 민호: 나는 어제 영미를 만났어.
영수: 나도. (만났어)

연습 다음에 진하게 표시된 문장을 읽고 문장 성분을 생략하여 자연스럽게 고쳐 보십시오.

(1) 영　호: 한국에서 맛있게 먹은 음식은 뭐예요?
브라운: 나는 불고기를 먹어 봤는데 참 맛있었어요.
⇒ ____.

(2) 요　코: 한복을 사고 싶은데 어디로 가면 될까요?

브라운: 당신은 남대문 시장에 한번 가 보세요.

⇒ ______________________________.

(3) 선생님: 너, 내가 준 책 읽었니?

영 미: 네, 책을 읽었어요.

⇒ ______________________________.

(4) 선생님이 먼저 노래를 부르자, 아이들도 노래를 부르기 시작했다.

⇒ ______________________________.

연습 다음은 TV드라마 대본입니다. 밑줄 친 부분의 대화에서 무엇이 생략되었는지 살펴보십시오.

(노처녀 '삼순이'가 남자와 맞선을 보는 장면)

맞선남: (커피를 후르륵 소리나게 마시고는, 무표정) 한 달에 얼마 벌어요?

삼 순: (허)...그러는 댁은?

맞선남: ① 뭐... 벌 만큼.

삼 순: 저도요.

맞선남: 근데 어머님이 혼자시던데 혹시 결혼하면 어머님을 모셔야 되나요?

삼 순: ② 모시는 게 아니라 같이 사는 거죠.

맞선남: 셋째 딸이라면서요. 언니들 있잖아요.

삼 순: ③ 언니들보단 저랑 궁합이 잘 맞거든요.

출처: 드라마 〈내 이름은 김삼순〉, 10회

(1) ______________________________.

(2) ______________________________.

(3) ______________________________.

문 법

문형학습

【문형 41】 [I]이 [[동] / [형] / [명]을] 용언A1 +【문형 42】 [I]이 [[동] / [형]음] 용언B1

예 1

(1) 책을 많이 읽은 것이 마음에 양식이 된 듯 싶고, 구기자차를 많이 마신 것은 건강에 도움이 됐음직하다.

이 책은 젊은이에게 도움이 될 듯하고, 그 책은 어린이에게 도움이 됨직하다.

(2) 이제 막 자라나는 연푸른 초록잎 사이로 싱그러운 향기가 퍼져 나가는 듯하고, 아직 때묻지 않은 청춘남녀 사이에서는 사람의 향기가 피어오를 듯하다.

(3) 이성을 사귀어 보지 못한 철수와 영희는 가슴 설렘을 느꼈음직하다.

예 2

(1) 아래의 지문에서 위에 제시한 문형을 찾아보십시오.

인간의 사상이나 감정을 표현하는 방법에는 여러 가지가 있을 수 있다. 그런데 문학 작품이야말로 인간의 사상과 감정을 언어로 가장 잘 표현한 예술이라고 할 수 있다. 문학의 장르에는 시, 소설 등이 있는가 하면, 희곡, 수필, 평론 등도 있다. 이들 작품 속에 우리 민족의 정신적 문화유산은 문헌 자료의 형식으로 보관되어 있는 것이다.

즉 고려 시대에 살았던 우리 조상들의 정신 문화는 고려 시대의 문학 작품 속에 보관되어 있을 것이고, 조선 시대에 살았던 우리 조상들의 정신 문화는 조선 시대에 나왔던 다양한 문학 장르 속에 녹아 있을 것이다. 아울러 급변하는 시대에 살았던 우리 현대인들의 정신 문화가 어떻게 변화해 왔는가 하는 문제를 알기 위해서는 각 시대별로 그리고 각 장르별로 대표적인 문학 작품을 뽑아 읽으면 한국 현대인의 정신 문화가 어떻게 변화해 왔는가 하는 문제를 이해할 수 있을 것이다.

이를 위해 세대별로 작품을 선별하는 것이 좋을 듯하기도 하고, 대표적인 지성인을 선별하여 작품을 선정하는 것이 좋음직하기도 하다.

(2) 아래의 단어들은 본용언으로 쓰이기도 하고, 보조용언으로 쓰이기도 한다. 어떤 경우에 위의 문형을 만들 수 있는지 연습해 보십시오.

① 가다　　② 주다　　③ 되다

※ 앞에 제시된 소설 중에서, 또는 여러분이 읽고 싶은 한국 소설을 하나 선정해 보고 선정 이유를 쓰십시오. 그리고 직접 그 작품을 찾아 읽어 보고 감상문을 써 보십시오.

읽고 싶은 작품 / 작가	선정 이유

제목: ______________________

제1과 다문화 사회

〈읽기〉

1. ①, ②, ③
2. ④
3. (가) 단락—다문화주의의 정의
   (나) 단락—다문화주의의 특성
   (다) 단락—21세기 한국 사회의 다문화주의에 대한 새로운 관심
   (라) 단락—다문화주의의 조급한 도입의 문제점
   (마) 단락—단계적인 다문화주의 실천의 필요성

〈어휘〉

1. (1) ①
   (2) ③
   (3) ④
   (4) ⑤
   (5) ②
2. (1) ①
   (2) ②
   (3) ②
   (4) ①
   (5) ①
3. (1) 동화시키다
   예) 자본주의사회에서는 사적 소유제로 규정된 사회질서에 인간을 동화시킬 필요가 있다
   (2) 도입하다
   예) 그는 미술의 이미지 기법을 연극에 도입하고자 애쓰고 있다
   (3) 공존하다
   예) 인간은 자연과 조화를 이루면서 공존하고 있다
   (4) 돌파하다
   예) 그는 올 시즌 100 타점을 돌파했다
   (5) 합법화하다
   예) 그 나라에서는 최근 입양을 합법화했다

〈문법〉

1. (1) 지켜보는 가운데
   (2) 하는 가운데
   (3) 오는 가운데
   (4) 줄어드는 가운데
   (5) 참가하는 가운데
2. (1) 하거니와
   (2) 아프거니와
   (3) 물론이거니와
   (4) 손해를 보았거니와
   (5) 말하거니와
3. (1) 아프십니까
   (2) 어울리십니다
   (3) 있으십니까
   (4) 있으시면
   (5) 있으십니다

제2과 세시 풍속

〈읽기〉

1. (1) 설날에 하는 일
   (2) 떡국, 수정과, 편육, 약식, 강정
   (3) 설날에 하는 놀이
2. ③

〈어휘〉

1. (1) 덕담을 나눈다
   (2) 밀접하게 연관되어 있기 때문에/있어서
   (3) 정취를 나타내는
   (4) 남녀노소를 불문하고
   (5) 일면을 엿볼 수 있다
2. (2) ①
   (3) ②
   (4) ⑤
   (5) ③
3. 예) 덕담, 연날리기, 널뛰기, 강정, 떡국, 수정과, 편육, 약식, 강정 등

〈문법〉

1. ㄱ—②, ㄴ—①, ㄷ—④, ㄹ—③, ㅁ—⑤

(1) 젊은이들이 도시로 나가 일을 찾는 반면, 기성세대는 고향에 남아 삶의 터전을 지키려 한다
(2) 소형차가 인기를 끄는 반면 대형차의 수요는 줄어든다
(3) 수출이 감소하고 있는 반면 수입은 증가하고 있다
(4) 주어진 일을 열심히 하는 사람이 있는 반면 건성으로 일을 하는 사람이 있다
(5) 젊은 층의 가입이 감소되고 있는 반면 중장년층 회원 수는 증가하고 있다

2. (1) 예) 꽃이 시들듯이
(2) 예) 나쁜 일이 있으면 좋은 일도 있듯이
(3) 예) 소 닭 보듯이
(4) 예) 고슴도치도 제 자식은 예뻐하듯이
(5) 예) 역사가 반복되듯이

3. (1) 예) 산을
(2) 예) 문구점을/매점을
(3) 집을
(4) 횡단보도를
(5) 공항을

제3과 한국의 언어

〈읽기〉

1. 일본, 구소련 지역
2. ②
3. ④

〈어휘〉

1. (1) 강조
(2) 비교적
(3) 교류
(4) 구직
(5) 사용자

2. (1) 가능하다
예) 내일 미국으로 출발하는 여행이 가능해졌다
(2) 결정되다
예) 사람의 우수성은 사람의 됨됨이로 결정된다
(3) 흉내 내다
예) 원숭이가 사람의 행동을 흉내 낸다
(4) 덧붙이다
예) 제품에 쉬운 설명서를 덧붙였다
(5) 표시하다
예) 곰이 자기의 발톱으로 활동영역을 표시하였다

3. 어순

4. (2) ③
(3) ①
(4) ④

〈문법〉

1. (1) 에 불과했다
(2) 에 불과하다(불과할 것이다)
(3) 에 불과하다는
(4) 에 불과한
(5) 에 불과했던

2. (1) 예) 아주 성숙한 편이다
(2) 예) 비교적 서비스 산업이 발달되어 있다
(3) 예) 공부를 잘한다
(4) 예) 연세가 많고 키가 크다
(5) 예) 조사가 발달되어 있다

3. ※ 〈어느 날 문득 보니〉와 같은 상황을 넣어 보면 됩니다.
(1) 예) 그 여자와 사이좋게 잘 지내고 있었는데, 어느 날 보니 그 여자와
(2) 예) 수첩을 찾기 위해 여기저기를 헤맸는데 나중에 보니
(3) 예) 창가 좌석번호와 복도 좌석번호를 혼동하여
(4) 예) 오늘은 영희의 생일인데, 생일날을 착각하여
(5) 예) 뒷산 호젓한 곳을 찾아 노래를 불렀는데, 가만히 생각해 보니

제4과 예술과 상업성

〈읽기〉

1. ① (○)　② (×)　③ (○)
2. ②
3. (가) 단락—생산자인 예술가와 수용자인 관객은 상호 작용 속에서 연관성 있는 관계를 유지해야 한다.
(나) 단락—예술가와 관객 사이의 상호 연관 관계가 예술의 타락과 소외를 초래해 예술작품을 천박한 상품으로 만들어 버린다.
(다) 단락—예술 시장의 활성화는 예술가들에게는 경

제적인 여유로움을 주었고, 작품 시장과 재료 시장을 활성화시켜 국가 경제에도 도움을 준다.

(라) 단락—상업 예술의 등장 초창기에는 충격적으로 받아들였다. 그러나 그 후 상업 예술 작품에 대한 가치도 높아졌고 예술가들도 부와 명성을 얻을 수 있게 되는 등 긍정적인 효과를 거두고 있다.

〈어휘〉

1. (1) 구매하는
   (2) 전념하다가
   (3) 전락하는
   (4) 발휘해(서)
   (5) 수용하든지
2. ㄱ—②, ㄴ—①, ㄷ—③, ㄹ—④, ㅁ—⑤
   (1) 간주되는
   (2) 유통되는
   (3) 거머쥐어
   (4) 적용시켜
   (5) 안정화시키고
3. (1) 소질
   (2) 감성
   (3) 창작
   (4) 개성
   (5) 영감
4. (1) 명성을 얻게
   (2) 이미지가 떠오르면
   (3) 염두에 두고
   (4) 효과를 거두기
   (5) 거리를 좁히기

〈문법〉

1. (1) 끝날 무렵
   (2) 완공될 무렵
   (3) 저물 무렵
   (4) 그만둘 무렵
   (5) 가까워질 무렵
   (6) 동틀 무렵
   (7) 내릴 무렵
   (8) 닫을 무렵
2. (1) 믿기지 않을 정도로
   (2) 자리가 없을 정도이다
   (3) 눈물이 날 정도로
   (4) 신문에 보도될 정도로
   (5) 평을 받을 정도로
   (6) 착각을 일으킬 정도이다
   (7) 분에 넘칠 정도로
   (8) 폐업을 검토할 정도
3. (1) 동생은 공부함을 좋아한다. (×)
   동생은 공부하기를 좋아한다. (○)
   (2) 나는 네가 성공함을 바란다. (×)
   나는 네가 성공하기를 바란다. (○)
   (3) 친구는 자신이 외국인임을 다른 사람들에게 알렸다. (○)
   친구는 자신이 외국인이기를 다른 사람들에게 알렸다. (×)
   (4) 그 사람은 매사 좋고 싫음이 분명한 편이다. (○)
   그 사람은 매사 좋고 싫기가 분명한 편이다. (×)
   (5) 갑작스러운 소식에 일함을 멈추고 멍하게 있었다. (×)
   갑작스러운 소식에 일하기를 멈추고 멍하게 있었다. (○)

제5과 환경과 인간

〈읽기〉

1. ②
2. ③
3. ②

〈어휘〉

1. (1) ⑤
   (2) ①
   (3) ②
   (4) ③
   (5) ④
   (6) ⑥
2. (1) ②
   (2) ①
   (3) ①
   (4) ②
   (5) ①

(6) ②

3. (1) 단절되다
   (2) 위협하다
   (3) 유구하다
   (4) 보존하다
   (5) 시급하다

4. (1) 보전
   (2) 외면
   (3) 추구
   (4) 직면
   (5) 주창

〈문법〉

1. (1) 작을지라도
   (2) 있을지라도
   (3) 없을지라도
   (4) 멀지라도
   (5) 힘들지라도

2. (1) 예) 공부에 집중하게 되었다
   (2) 예) 생활비가 많이 들게 되었다
   (3) 예) 세상에 대한 이해력이 높아진다
   (4) 예) 신고하지 않기로 했다
   (5) 예) 잘 보존할 수 있다

3. 주목 받은 바 / 관람할 수 / 제공한 데 / 찾을 수

제6과 정보화 산업의 발달

〈읽기〉

1. ②
2. ①
3. (가) 단락—정보화 사회의 정의 및 전망
   (나) 단락—탈공업사회인 정보화 사회의 특성
   (다) 단락—하나의 정보권으로 묶인 정보화 사회
   (라) 단락—사무환경에서의 정보화
   (마) 단락—가정에서의 정보화

〈어휘〉

1. (1) 보안
   (2) 접속
   (3) 재가공
   (4) 통신매체
   (5) 부가가치

2. (1) 비약적이다—한국이 1980년대에 비약적으로 발전한 데에는 고속도로의 역할이 크다
   (2) 도래하다—오 박사는 향후 10~20년 안에 로봇의 시대가 도래할 것이라고 주장했다
   (3) 실감하다—시민들의 환호성과 환영 때문에 이 선수는 올림픽스타인 자신의 인기를 실감했다
   (4) 활용하다—빈집을 잘 활용하면 만 세대 이상의 무주택 서민들의 주택 걱정을 덜 수 있다
   (5) 심화되다—정보화의 진전으로 직업의 생성과 소멸이 빠르게 이루어져서 취업 경쟁이 심화되고 있다

3. (1) '화', 어떤 현상이나 상태로 바뀌다
   (2) '탈', 그것을 벗어나다

〈문법〉

1. (1) 출현으로 말미암아
   (2) 경기침체로 말미암아
   (3) 체제붕괴로 말미암아
   (4) 관리소홀로 말미암아

2. (1) 맡을 듯하다
   (2) 없을 듯하다
   (3) 좁을 듯 하다
   (4) 올 듯하다
   (5) 어려울 듯해서

3. (1) 포기하지 않을 수 없다
   (2) 들지 않을 수 없다
   (3) 가지 않을 수 없다
   (4) 최선을 다하지 않을 수 없었다
   (5) 열지 않을 수 없었다

제7과 한국의 현대음악

〈읽기〉

1. ③
2. ① (○)　② (○)　③ (×)　④ (○)　⑤ (×)
3. ④

〈어휘〉

1. (1) 양산되어
   (2) 순응하며

(3) 간과하여서는
(4) 대두되고
(5) 계도하는
2. (1) 인재를 배출해
(2) 자유를 누릴
(3) 금기를 깬
(4) 위상을 높인
(5) 경계를 무너뜨렸다
3. (1) 초연
(2) 국악
(3) 선율
(4) 음반
(5) 입상
4. (1) 눈부시게
(2) 차츰
(3) 대거
(4) 나란히
(5) 동시에

〈문법〉

1. (1) 술을 마신다든지 담배를 피운다든지
(2) 인상을 찡그린다든지 고개를 돌린다든지
(3) 체중이 준다든지 소화가 안 된다든지
(4) 보면대를 친다든지 박수를 친다든지
(5) 공원으로 조성한다든지 주택지로 활용한다든지
2. (1) 승리를 일구어 냈다
(2) 훌륭하게 소화해 내서
(3) 그대로 재현해 냈다
(4) 보험금을 받아 냈다
(5) 위기를 극복해 냈다
3. (1) 동생은 오늘이 벌써 금요일이라고 했다
(2) 사라는 한국어 말하기 시험이 오래 걸렸다고 했다
(3) 왕정은 요코 씨가 한국어를 잘한다고 했다
(4) 호영은 이 게임이 정말 재미있다고 했다
(5) 미호는 지난 주말에 이 일을 끝내야 했었다고 했다

제8과 안티 문화

〈읽기〉

1. ④
2. ③
3. ②

〈어휘〉

1. (1) 배척
(2) 댓글
(3) 진창
(4) 시위
(5) 정당
2. ㄱ—①, ㄴ—④, ㄷ—⑤, ㄹ—②, ㅁ—③
(1) 인신공격
(2) 익명성
(3) 공론화
(4) 이질감
(5) 도전장
3. (1) 명예훼손
(2) 유언비어
(3) 공감대
(4) 비판의식
(5) 권익
4. (1) 도를 넘어선/넘어서는
(2) 성격을 띤
(3) 문제점을 드러내는
(4) 꽃을 피우지(도) 못하고

〈문법〉

1. ㄱ—②, ㄴ—①, ㄷ—④, ㄹ—③, ㅁ—⑤, ㅂ—⑥, ㅅ—⑧, ㅇ—⑦
(1) 무슨 일을 하더라도 꼭 성공할 것이다
(2) 바쁘시더라도 제 결혼식에 꼭 참석해 주셨으면 합니다
(3) 피곤하더라도 집에 와서 우리들과 꼭 놀아 준다
(4) 주문하더라도 다 오리 고기가 들어 있다
(5) 있더라도 그 일을 절대로 포기하지 않겠다
(6) 하지 못하더라도 건강히 잘 있으니 걱정하지 마세요
(7) 실망시키더라도 끝까지 그 사람을 믿어 보겠다
(8) 걸리더라도 경치를 볼 수 있으니 기차를 타겠다
2. (2) 불평해 댔다
(3) 놀려 대서
(4) 틀어 댔다/댄다
(5) 찍어 댔다
(6) 울어 대서

(7) 실수해 댔다
(8) 질러 대서

3. (2) 아버지와/아버지를
(3) 우체통에
(4) 천직으로
(5) 전화위복의 계기로
(6) 성가시게
(7) 공격하는 것과
(8) 약 23만 명 정도인 것으로

제9과 경제 발전의 전략

〈읽기〉

1. (1) 동일한 규모의 사람이나 기계가 일하더라도 일의 효율이 높아지거나 혹은 성능이나 품질이 향상된 재화를 생산하는 것
(2) 더 많은 기계나 보다 성능이 좋은 생산수단을 활용하여 일함
2. ③
3. ②

〈어휘〉

1. (1) ①
(2) ①
(3) ①
(4) ②
(5) ②
2. (1) ③
(2) ②
(3) ①
3. ④
4. (1) 직면하다
예) 그는 경제적 어려움으로 위기에 직면했다
(2) 구축되다
예) 직원들의 노력으로 새로운 생산 체제가 구축되었다
(3) 진입하다
예) 그 나라는 선진국으로 진입하여 다른 나라를 도울 힘이 생겼다
(4) 창출하다
예) 적절한 시기에 투자하여 큰 이익을 창출하였다
(5) 증대되다
예) 직원들의 노력으로 회사의 이윤이 크게 증대되었다
5. (2) ③
(3) ①
(4) ⑥
(5) ④
(6) ⑤
(7) ⑦

〈문법〉

1. (1) 건물에 불이 나자 사람들이 밖으로 모두 뛰쳐나왔다.
(2) 날이 더워지자 냉방 기구가 잘 팔린다.
(3) 날이 밝아지자 사람들이 하나둘씩 거리로 나오기 시작했다.
(4) 선생님이 교실에 들어서자 학생들이 자리에 앉기 시작했다.
(5) 소설책이 잘 팔리자 출판사가 책을 더 찍기로 결정했다.
2. (1) 춥지 않게 옷을 더 입으세요.
(2) 모두가 들을 수 있게 큰 소리로 말하세요.
(1) ③
(2) ①
(3) ②
3. '시키다'로 바꿀 수 있는 것—(2), (4)
'시키다'로 바꿀 수 없는 것—(1), (3)
'시키다'가 결합하여 형성된 단어—예) 오염시키다, 이해시키다, 입원시키다, 진정시키다, 집합시키다, 취소시키다, 화해시키다…

제10과 한국의 관광산업

〈읽기〉

1. 관광을 하나의 산업으로 보는 인식이 부족, 관광산업 발전을 위한 제도상의 혜택과 지원이 부족, 외국인과 문화에 대한 인식 등
2. ③

〈어휘〉

1. (1) 지역 경제 활성화
 (2) 관광 대국
 (3) 영세성
 (4) 지자체
 (5) 숙박 시설
2. (1) 타파하다
 예) 지역이기주의를 타파해야 한다
 (2) 인식 전환
 예) 여성 취업에 대한 사회적 인식 전환 필요하다
 (3) 개방적
 예) 기업의 성장을 위해서는 개방적인 기업 문화가 필요하다
 (4) 주력하다
 예) 상대팀의 공격을 막기 위해 수비에 주력했다
 (5) 혁신적
 예) 현대 사회의 여러 문제를 해결하기 위해서는 혁신적인 사고가 필요하다
 (6) 제고하다
 예) 서비스 제고를 위한 사원 교육을 실시할 예정이다
3. (1) 손해
 (2) 폐쇄적
 (3) 적대감
 (4) 일면적
 (5) 방해

〈문법〉

1. (1) 우수하므로
 (2) 출신이므로
 (3) 선수이므로
 (4) 살았으므로
 (5) 재미있으므로
2. (1) 심리학자에 의하면
 (2) 일기예보에 의하면
 (3) 들리는 소문에 의하면
 (4) 뉴스에 의하면
 (5) 연구 결과에 의하면
3. (1) 올
 (2) 가는
 (3) 김장을 담그는
 (4) 배달하는
 (5) 먹은

제11과 과학기술의 발달

〈읽기〉

1. (1) 100나노미터 미만의 범위에 놓여 있는 체제와 구조 혹은 표면 그리고 다른 기능적 요소
 (2) 정보 처리, 우주 탐사, 농업, 환경 보호, 군사, 의학
2. ③

〈어휘〉

1. (1) 복제
 (2) 노화 현상
 (3) 유전자
 (4) 탐구
 (5) 남용
2. (2) ①
 (3) ⑤
 (4) ②
 (5) ③
3. 예) 우주과학, 전자과학(공학), 환경과학(공학), 자연과학(공학), 유전과학(공학), 안지과학(공학), 나노 과학(공학), 인간과학(공학), 음성과학(공학) 등

〈문법〉

1. ㄱ-①, ㄴ-③, ㄷ-②, ㄹ-⑤, ㅁ-④
 (1) 선생님 덕분에 대학원에 진학할 수 있게 됐습니다
 (2) 당신이 곁에서 내조해 준 덕분에 오늘날의 내가 있는 거라고 생각해요
 (3) 요즘은 세탁기 덕분에 빨래가 간편해졌다
 (4) 여러분의 염려 덕분에 여기서도 잘 지내고 있습니다
 (5) 쉬지 않고 부지런히 일한 덕분에 올해 소득이 배가 됐다
2. (1) 설명될 수 있는가
 (2) 가지고 있는가
 (3) 발생하는가
 (4) 괜찮은가
 (5) 있는가
3. (1) 키가 / 코가 / 손이
 (2) 코가

(3) 차를 세 대를
(4) 돼지고기
(5) 잎이 / 열매가

제12과 한류 열풍

〈읽기〉

1. (1) 한국의 대중문화 산업이 '시장'으로서의 '아시아'만을 발견했을 뿐, '지역'으로서의 '아시아'를 발견하지 못함
   (2) 한류의 확산에도 불구하고 한국과 아시아 사이의 문화적 거리는 좁혀지지 않음
2. ①
3. ④

〈어휘〉

1. (1) ②
   (2) ①
   (3) ①
   (4) ②
   (5) ②
   (6) ①
2. (1) 편중되다
   예) 가요에만 편중된 문화는 바람직하지 않다
   (2) 초래하다
   예) 지구온난화는 다양한 기후 이상을 초래하였다
   (3) 기인하다
   예) 낮은 성적은 준비 부족에 기인하였다
   (4) 국한되다
   예) 일부 지역에만 국한된 방역은 문제가 있다
   (5) 빈번하다
   예) 이 지역은 굽은 도로 때문에 교통사고가 빈번하였다
   (6) 재발견하다
   예) 연극은 그를 재발견하는 기회가 되었다
   (7) 민감하다
   예) 사람들은 소문에 민감하게 반응하는 경향이 있다
3. (1) ③
   (2) ②
   (3) ①
4. (2) ①
   (3) ④
   (4) ③
   (5) ⑥
   (6) ⑤

〈문법〉

1. (1) 끝내자면
   (2) 말하자면
   (3) 겨루자면
   (4) 충고하자면
   (5) 살자면
   (6) 비유하자면
   (7) 재발행 받자면
   (8) 털어 놓자면
2. (1) ②
   (2) ③
   (3) ①
3. (1) 철수는
   (2) 상철이는
   (1) ①, ②

제13과 문화재로 보는 한국 역사

〈읽기〉

1. ④
2. (1) 크게 타원을 그리면서 도시 중심부를 싸는 형태
   (2) 왕의 별장인 행궁, 군 시설, 농장 등
   (3) 상업도시, 농업도시, 군사도시 …

〈어휘〉

1. (1) 쏟아 부었다
   (2) 발길이 끊이지 않는다
   (3) 민심을 얻기 위해
   (4) 폭넓게 받아들이기로/받아들이는 것으로
   (5) 연속선상에 있다
2. (1) 총동원하다
   예) 대통령은 모든 힘을 총동원해서 전쟁을 막겠다고 말했다
   (2) 설치하다

예) 화재예방을 위해서 주택 가까운 곳에 소방시설을 설치해야 한다

(3) 계승하다

예) 전통문화를 계승하기 위한 예절교육이 한창이다

(4) 유치하다

예) 투자를 유치하기 위해 설명회를 개최할 예정이다

(5) 행차하다

예) 지난 21일 영국 여왕이 우리나라에서 가장 한국적인 마을인 안동에 행차했다

3. (1) ④

(2) ①

(3) ⑤

(4) ②

(5) ③

〈문법〉

1. (1) 예) 태풍, 교통사고

(2) 예) 이번 여행

(3) 예) 취업률의 증가

(4) 예) 운전자 부주의

(5) 예) 홍수, 원전사고

2. (1) 예) 좋은 소식을 알려드리고자

(2) 예) 좋은 점수를 받고자

(3) 예) 물을 얻고자

(4) 예) 결혼을 올리고자/중요한 발표를 하고자

(5) 예) 말해보고자/설명해보고자

3. (1) 저 세 학생

(2) 저 옛 선율

(3) 그 새 옷 두 벌

(4) 그 옛 물건 하나

(5) 이 세 가지 특징

제14과 세계화와 국제관계

〈읽기〉

1. (1) 세계 곳곳에서 일어나는 정치·경제적 문제는 더 이상 그 지역만의 문제가 아니다

(2) 세계 공동체 시대에는 과거보다 훨씬 긴밀한 국제관계가 요구된다

(3) 국제질서가 민주주의적 절차에 따라 만들어질 수 있는 구조가 아직 형성되지 않았다

2. ②

〈어휘〉

1. (1) ①

(2) ②

(3) ②

(4) ①

(5) ①

2. (1) 창설하다

예) 한국이 주도하여 창설하고자 하는 국제기구 가운데 아시아산림협력기구(AFoCO)가 있다

(2) 결성하다

예) 부산시는 외국인 유학생들이 친목을 도모할 수 있는 '외국인 유학생 네트워크'를 결성했다

(3) 대표하다

예) 그는 우리나라를 대표하여 국제회담에 참석했다

(4) 수립하다

예) 이승만을 중심으로 한 단일정부 수립 세력은 1948년 8월 15일 남한 지역만의 대한민국을 수립했다

(5) 옹호하다

예) 그는 아이들과 여성의 권익을 옹호하는 데 한평생을 바쳤다

3. 예) 국제보건기구, 국제사회, 국제회의, 국제결혼, 국제전화, 국제유가 등

〈문법〉

1. (1) 예) 남대문 시장과는 달리 어린 학생들도 많이 온다

(2) 예) 한국 사람과는 달리 시간 약속을 잘 지킨다

(3) 예) 나와는 달리 책 읽는 것을 좋아한다

(4) 예) 어머니와는 달리 가정교육에 엄격하시다

(5) 예) 우리나라 말과는 달리 높임말이 복잡하다

2. (1) 예) 법안이 그대로 통과되었다

(2) 예) 전쟁이 끊임없이 일어나고 있다

(3) 예) 처음 와 보는 곳임에도 불구하고

(4) 예) 각국 정상이 모여 회의를 했음에도 불구하고

(5) 예) 극심한 경제침체, 지속적인 경제발전을 이루었다

3. (3) 그런 사람이 어떻게 큰일을 할 수 있겠어?
(4) 공부 잘하는 수미가 그런 쉬운 문제를 못 풀다니
(5) 이 옷은 내가 입학했을 때 어머니가 입학 선물로 사 주신 거야.

제15과 한국 문학의 이해

〈읽기〉

1. 본문 참조
2. ②
3. ③

〈어휘〉

1. (1) 개화기
(2) 분열
(3) 제국주의
(4) 근대화
(5) 이념
2. ㄱ-④, ㄴ-①, ㄷ-②, ㄹ-⑤, ㅁ-③
(1) 예) 그 회사는 새 상품 개발로 변신을 꾀하고 있다
(2) 예) 대입시험을 앞둔 학생들에게 합격을 기원하는 선물을 준다
(3) 예) 지향하는 목표에 따라 삶이 달라진다
(4) 예) 우정이 변질되지 않으려면 노력이 필요하다
(5) 예) 한국인은 전쟁으로 국토가 양분되는 아픔을 겪었다
3. (1) 적개심
(2) 단절감
(3) 죄의식
(4) 불안감
(5) 허무감
4. (1) 권장하는
(2) 참혹함
(3) 굶주리는
(4) 험난한
(5) 증명할

〈문법〉

1. ㄴ-⑤, ㄷ-③, ㄹ-①, ㅁ-②
(2) 세종대왕이야말로 진정으로 백성을 위해 힘썼던 지도자라 할 수 있다
(3) 건조한 공기야말로 초겨울 건강 최대의 적이다
(4) 스스로 배우고 깨우치는 것이야말로 진정한 앎이 된다
(5) 꿈을 가지고 성장하는 어린이들이야말로 미래의 보물이다
2. (1) 깨끗한가 하면
(2) 재미있다고 말하는 사람이 있는가 하면
(3) 좋아질 것이라고 예측하는 사람이 있는가 하면
(4) 따라하는가 하면
(5) 고춧가루 양념을 해서 먹는가 하면
3. (1) 불고기를 먹어 봤는데 참 맛있었어요
(2) 남대문 시장에 한번 가 보세요
(3) 네, 읽었어요
(4) 선생님이 먼저 노래를 부르자, 아이들도 부르기 시작했다
(1) 벌어요
(2) 어머니를
(3) 어머니가